国家出版基金项目
NATIONAL PUBLICATION FOUNDATION

当代中国教育改革与创新书系
总主编 **朱永新**

情境教育

一个主旋律的三部曲

Situation Education

The Practice Experiment, Exploration and Research

李吉林 著

中国人民大学出版社
· 北京 ·

总　序

见证中国教育的成长

改革开放 40 年以来，中国发生了翻天覆地的变化。40 年前的 1978 年，中国的国内生产总值（GDP）只有 3 600 多亿元；2017 年，中国的 GDP 达 827 122 亿元，增长了近 230 倍。中国奇迹、中国速度、中国故事，已经成为世界关注的重要话题。

在中国奇迹、中国速度的背后，中国教育的贡献是不言而喻的。如果没有中国教育为中国经济的发展提供重要的人力资源与智力支撑，这一切是不可能发生的。但是，中国教育一直没有引起真正的关注，直到一个偶然的事件，中国教育才为世界所瞩目。

2009 年，上海学生代表中国首度参加经济合作与发展组织（OECD）的国际学生评估项目（Programme for International Student Assessment，PISA）就拿了一个大满贯，包揽了数学、阅读和科学 3 个冠军。2013 年，上海学生以数学 613 分、阅读 570 分和科学 580 分的成绩，在所有 65 个国家（地区）中位居第一，再次夺魁。这一次，86.8%的上海学生的成绩达到或超过 OECD 的平均成绩 494 分，呈现出上海义务教育校际差异小、均衡程度高的特点。一时间，“养在深闺人未识”的中国教育成为世界教育的焦点。许多关注中国教育的人不断追问：“上海为什么能?”“中国教育到底有什么秘密武器?”

一直埋头学习别国教育的我们，也开始仔细地打量自己。有着重视教育的深厚文化传统的中国，这些年来，在“穷国办大教育”的背景下，用世界最快的速度推进了学前教育，普及了义务教育，实现了高等教育的大众化。中国教育的悄然变革，让我们也重新认识了自己。

在国家教育投入上，中国的教育投入连续多年占 GDP 的比重达 4%，2016 年中国教育经费总投入已达 3.89 万亿元，其中国家财政性经费投入首次超过 3 万亿元。

在教育普及上，2016 年，中国的学前教育毛入园率为 77.4%，小学净入学率为 99.9%，初中毛入学率为 104%，九年义务教育巩固率为 93.4%，高中阶段毛入学率为 87.5%，高等教育毛入学率为 42.7%。这些数据均超过中高收入国家的平均水平。

在信息化建设上，全国中小学生基本实现了电子学籍管理，各级各类学校互联网的接入率，从 2012 年的 20%左右，增加到 2017 年的 90%多。6.4 万个教学点实现数字教育资源全覆盖，惠及 400 多万偏远农村地区的孩子。

在推进教育公平上，90%以上残疾儿童享有受教育机会，80%以上的农民工随迁子女在流入地公办学校就学。全国 2 379 个县（市、区）通过了义务教育发展基本均衡督导评估，约占全国总数的 81%，11 个省份整体通过。高考录取率最低省份与全国平均水平的差距从 2010 年的 15.3%缩小至 2017 年的 4%以内。

在教育国际化上，我国已成为世界第三、亚洲最大的留学目的国，来华留学人员突破 44 万人，生源地国家和地区总数为 205 个。80%的出国留学人员选择了毕业后回国发展、为国服务。我国已与 188 个国家和地区建立了教育合作与交流关系，与 46 个重要国际组织开展了教育交流，与 47 个国家和地区签署了学历学位互认协议。

我们每个人都见证了中国经济的高歌猛进和中国教育的快速成长。40 年来，中国的教育成就是全方位、开创性的，中国的教育变革是深层次、根本性的。从“有学上”到“上好学”，从普及教育到均衡发展再到内涵发展，从教育大国迈向教育强国，中国教育进入了一个新时代。

在看到这些成就的同时，我们也要清晰地意识到中国教育面临的困难与问题，看到人民群众日益增长的对于美好教育的需求与我们教育自身发展的不均衡、不充分之间的矛盾，看到中国教育与世界先进国家教育之间的差距。

看到，是一种见证。见证，是为了建设。这就是我们编写“当代中国教育改革与创新书系”的初衷。一方面，我们希望通过这套丛书系统总结中国改革开放 40 年以来教育发展的经验和教训，梳理我们在幼儿教育、基础教育、职业教育、高等教育、国际教育，以及区域教育改革和民间教育实验等方面取得的成果；另一方面，我们希望把中国教育正在发生的故事介绍给世界，让世界了解真实的中国教育，并在与世界交流的过程中丰富和完善我们自己的教育。

“当代中国教育改革与创新书系”是一套开放的丛书，既有宏观层面的研究，也有微观层面的叙事。丛书既囊括了荣获首届“基础教育国家级教学成果特等奖”的情境教育，又分享了在全国具有广泛影响力的新教育实验的最新成果；既介绍了在科技不断发展和互联网革命背景下不断快速发展的职业教育、国际教育，也总结了日新月异的家庭教育、学前教育进程；既以在 PISA 评比中崭露头角的上海教育为典型探讨了如何通过教师教育培训提升教学质量，也分析了海门作为县级市在改变区域教育生态方面所做的内容和制度创新。我们希望尽可能全面地反映改革开放 40 年以来中国教育改革与创新的成果，但由于多种原因，难免有遗珠之憾，因此，欢迎各个领域的专家积极联系我们，为我们出谋划策，提出宝贵建议，帮助我们发现优秀的教育案例与故事，也欢迎读者毛遂自荐提供相关的素材，更欢迎相关专家指导和参与这套丛书的编写工作。

朱永新

于北京滴石斋

2018 年 6 月 4 日

目　录

第一章　第一篇论文引起的轰动

——激起教育研究的热情 …………………… 1

一、以培养学生的学习兴趣为前提 ……………… 4

二、以引导学生积累感知材料为基础 …………… 6

三、以启发学生的积极思维为重点 ……………… 8

四、以训练学生的语言为手段 ………………… 10

第二章　一个信息做了 40 年

——从训练语言、发展智力起步………… 15

一、提高起点，提早起步 …………………… 20

二、创设情境，带入情境 …………………… 21

三、注重启发，促进发展 …………………… 24

四、逐步训练，培养能力 …………………… 27

第三章　上海专家来访

——感悟儿童发展的理念………………… 33

第四章　美学丰富了我的教学观

——改革须理论与实践相结合…………… 59

一、运用情境教学，进行审美教育 …………… 62

二、运用情境教学，进行思想教育与情感陶冶 ……………………………… 74

三、情境教学的重要原则：美感性 …………… 82

第五章　“意境说”的“神思”之说
——导引对儿童创造力的研究 …… 91
一、在审美愉悦中培育创新的土壤，让思维进入最佳的心理状态 …… 95
二、在和谐的师生关系中激活创新的潜能，让情感点燃智慧的火花 …… 97
三、在观察与想象中拓宽创新的空间，让思维插上翅膀 …… 102
四、在学科训练中培养扎实的实践能力，为创新打下必要的基础 …… 106

第六章　将民族文化跨界
——概括出“真、美、情、思”核心元素 …… 111
一、“真、美、情、思”形成独特优势 …… 113
二、从脑科学最新成果中找到理论依据 …… 120

第七章　为满足儿童需求
——构建情境课程 …… 125
一、以“情境”为中心体现了当代课程的变革和走向 …… 128
二、以儿童学习需求为中心进行情境课程的系列改革 …… 129
三、吸纳民族文化的滋养，实现儿童主动快乐的发展 …… 137

第八章　在学习科学引领下
——设计儿童快乐、高效学习的情境 …… 143
一、学习知识的复杂性——整合知识，选择最佳途径设计情境 …… 145
二、学习过程的不确定性——以情激智，唤起持久投入的内驱力 …… 148
三、学习系统的开放性——链接生活，凭借活动历练实践才干 …… 151
四、学习催发潜能的不易性——着眼创新，不失时机发展儿童的想象力 …… 156

第九章 走中国教育自己的路
——构建中国式儿童情境学习范式 …………………………… 163
一、从发现弊端开始，为寻求教育现实问题的答案，
探究儿童怎么学习 …………………………………………… 167
二、创造性地运用民族文化经典，概括儿童情境学习“真、
美、情、思”四大核心元素 ……………………………… 174
三、营造最佳儿童学习环境 ………………………………… 177
四、发现儿童学习的“金钥匙”——情感与认知融合 ………… 178
五、为儿童快乐高效地学习，构建中国儿童情境学习范式 …… 179

参考文献 ……………………………………………………… 185

第一章
第一篇论文引起的轰动
——激起教育研究的热情

一、以培养学生的学习兴趣为前提

二、以引导学生积累感知材料为基础

三、以启发学生的积极思维为重点

四、以训练学生的语言为手段

1978 年的初秋。一天，在市教育局做秘书工作的徐岳先生来找我，他很温和地说："江苏省要成立教育学会，我们南通市有好几位代表要去，你也是其中的一位。"

我按捺不住心头的激动，将信将疑地问："是吗？"

徐岳先生笑容可掬地说："这还有假，这不特地来通知你了，'文革'的风雨已经过去，你不必多忧。"

我看到他近视眼镜后的那双眼睛流露出对我的信任和鼓励。他又郑重其事地说："不过，要携带论文。"

"论文？我可没写过论文啊！"徐岳先生伸出手热情地握住我说："李老师，'论文'又有什么可怕的，我相信你一定能写好！"

刚刚绽放的心花，一下子感受到一种似乎不能承受的压力。但我又意识到："文革"十年践踏了文化，损伤了学术。如今要振兴教育，必须呼唤学术，复兴学术。通过学术的复兴拯救教育，从而繁荣学术、繁荣教育、繁荣文化。因此我萌生了一种使命感，下决心写好论文。

"文革"前我也写过一些文章，但都是经验的总结，或者是教育教学的随感，论文还真没写过。当然，我也知道写论文得有论点、论据，要会阐述。我从来不会望而生畏，更不会却步。我想，只要肯下功夫最终是能做好的。我先从文题上想，究竟写什么？自己有什么可写？我左思右想，结合自己过去教学的体验，想到一个小学语文老师是可以把孩子教聪明的：把不那么聪明的孩子教得比较聪明，把聪明的孩子教得更聪明。我心想文章就围绕这一点写，可能有点新意，这一点别人也没怎么写过。就在我构思的关键时刻，我从《光明日报》上看到了上海师大的三位女教授恽昭世、柴崇英、谢淑贞写了一篇有关《发展儿童智力》的文章[①]。这篇文章虽然短小，但是给了我很大的启发。我想，多少年来，我所想的、所做的"怎样把孩子教聪明"不就是这些教授们所说的"发展儿童的智力"吗?！于是，我就定下了论文的题目：《怎样在小学低年级语文教学中发展儿童的智力》。当时，因为"文革"刚刚过去，相关资料很少，心理学的书更少。我便从一位老师那儿借了一本名为《小学生心理特点》的书，薄薄的，八九万字。在那个时候，我拿到这本书，如获至宝，反复地阅读，还做了摘记；又尽量找了一些相关的书来读。当时我想，自己就如同最常

① 关于这篇文章，作者是凭借记忆提取的。但由于年代久远，关于这篇文章的其他具体文献信息，现已无法找到。——编者注

见的丝瓜、扁豆，是可以攀缘向上的，但是需要棚架的支撑，没有支撑，便只能趴在地上，不可能向上攀去，也就结不出多少果实来。此时我产生了一种用理论来支撑我的经验世界的想法。这种想法随着教学改革要求的迫切，变得更加强烈。也正因为迫切，我便付诸行动。理论的学习融进了我的实际感情，使我站得更高了，阐述也有了一些理论的色彩。再结合自己多年来的感受，努力回答自己提出的问题：究竟该如何在语文教学中发展儿童的智力？

一、以培养学生的学习兴趣为前提

学龄初期的学生，他们的学习兴趣，往往是与学习活动本身直接联系的。他们还不能用理性认识来控制自己的情感和意志。这一时期，无意注意起着重要作用，他们的注意力一般持续不到 45 分钟。然而，兴趣却是引起和维持无意注意的一个内部因素。学生如果对学习产生了兴趣，常常可以保持较长时间的注意。因此，培养学生的学习兴趣，促使他们爱学、好学，是在教学中发展学生智力的前提。可以断言，没有这个前提，在教学中要发展学生的智力是十分困难的。

为了培养学生的学习兴趣，发挥内因作用，我注意把课上得“好懂、有趣、有一定难度”。汉语拼音的教学，教不好会使学生觉得枯燥无味，特别是书写上的变化，学生更不容易弄清楚。例如，“jqx”不和“u”相拼，和“ü”相拼时省掉“ü”上两点。我就编了顺口溜，帮助学生理解记忆：“‘jqx’真稀奇，就是不愿和‘u’做游戏，小‘ü’遇上‘jqx’，擦掉眼泪笑嘻嘻。”这些简单的顺口溜念起来好懂、有趣，又好记。在汉语拼音全部教完后，为了避免单调的重复，我就以学古诗的办法来巩固音节。即出示的音节连起来就是一首内容浅显的古诗，如《锄禾》《草》《静夜思》等。学生既巩固了音节，又初学了古诗。学生有了很大的兴趣，拼音就不是枯燥的认读了。既然学生有兴趣，后来我又结合识字和课文教了一些古诗。学了王冕《学画》的故事，我教给他们王冕的《墨梅》诗；巩固“鹅”这个生字时，我教给他们骆宾王七岁写的《咏鹅》；学习有关春天的词句和课文时，我又补充教了《泊船瓜洲》和《游园不值》这些描绘春天的古诗。这样，学生就对李白等我国古代著名诗人的诗都有了一些接触，这也扩大了学生的知识面，丰富了他们的想象。汉字的字形结构比较复杂，我就从造字的原则出发，运用直观的教具和动作，帮助学生记住字形，而且鼓励学生自己动脑想办法记。学生的积极性很高，教“雷”字时学生说：“打雷了，雨落到田里去了。”教“办法”的“办”时学生想得更好：“出大力流大汗，办法就来了。那‘力’旁边的两点就像汗珠。”他们想的办法生动形象，对字形自觉地进行了很好的识记。同时，我又把刚教的一批字编成儿歌，让学生在具体的语言环境中巩固汉字。他们都很爱读这些儿歌，因为这是他们靠自己识字学会的，而不是像在幼儿园那样，跟着老师念会的。

李吉林老师教学现场

学生学知识，总是喜欢与他们已有的知识相联系，但同时又能有新发展，学到新知识。我教《画》一诗，其中有山、水二字，我就教给学生“山水”，加上“一”为“一山一水”，表示一座山一条河；加上“千”“万”为“千山万水”，表示山水之多；加上“青”“绿”为“青山绿水”，表示山水色彩之美；重叠起来为“山山水水”。这些浅近词语的扩充，既可以让学生接受，又培养了学生学习的兴趣。他们思考片刻，就能举出例句“我爱祖国的一山一水”“我爱家乡的青山绿水”“山山水水美如画”“红军长征走过千山万水”。学生一个个为自己学到了新本领而异常兴奋，同时也越来越觉得语文是一门很有趣的学科。他们要学语文，爱学语文，这就促使内因发挥作用。学生爱学和不爱学，效果就大不一样。一年来，学生在学好通用教材的基础上，还多学了 20 首古诗、20 首儿歌、9 篇反映学生生活的小故事，进行了 11 篇口头作文的训练，而我没多上一节课。两学期学生生字默写的正确率高达 99.8%。学生学得好，对学习就有了一定的自信心，学起来也更有兴趣。有了兴趣，他们就会主动去获取知识，向知识的深度和广度进军，智力也同时得到发展。

二、以引导学生积累感知材料为基础

人对客观世界的认识是从感、知觉开始的。感知是思维发展的基础。而学龄初期学生的感、知觉还没有成熟。因此，发展学生的感、知觉，积累感知材料是发展学生智力的第一步。

如何发展学生的感、知觉，积累感知材料呢？我认为引导学生仔细观察，是积累感知材料的重要途径。因为观察可以唤起学生的有意注意，帮助学生获得对事物鲜明而深刻的印象。巴甫洛夫就十分强调“观察、观察、再观察”。针对低年级学生的感、知觉往往笼统而不精确的特点，教师就更有必要引导他们进行细致的观察。

我利用课文和口头作文的内容，经常引导学生进行观察。从观察课文中的图像到观察现实生活中的景象。课文中的插图是引导学生进行观察的好材料。我指导学生按一定的顺序进行观察，并特别注意抓住图中容易被学生忽视而又重要的细节进行指导。例如，《送雨衣》一课的第一幅插图，站岗的小郭对于学生来说是可见的，而对于正在紧张工作的周总理插图却没有直接描绘。我就引导学生注意观察图上那亮着灯光的窗户，通过观察和想象，使学生透过窗户，想象到夜深了，周总理还在灯下紧张工作的情景。

李吉林老师带孩子们观察古代建筑光孝塔

现实生活的景象是最真实、最生动的，大自然的景色更是绚丽多彩的，我便结合教学内容引导学生进行观察。我带学生去找春天，认识春天的特征；我领学生登高远眺，依次地向东、西、南、北四方望去，让学生观察绿色的田野、古老的宝塔、整齐的工房、高耸的烟囱和向远方延伸的公路……学生觉得这一切是那样的新奇、有趣。我还常常布置让学生自己去观察的任务。春天的大地、夏夜的星空、秋天的云霞、冬日的雪景，都成了学生日常观察的生动对象。学生在观察这些景物时，我指导他们注意观察对象的色彩、状态、大小、数量以及其他特征。为了让学生学会观察事物的发展动态，我还常常结合识字、讲读课文，指导学生自己做一些力所能及的小实验。分析“灭”的字形时，我告诉学生盖子一盖，火就灭了，让他们回去做“灭火”的小实验；在出现“种子发芽”这个词语时，我让他们在院子里种上几粒豆子，观察豆子发芽、长叶的过程，使他们获得对种子发芽的感性认识；教《保护牙齿》一课，让他们做鸡蛋放在醋里由硬变软的实验……学生从反复的实验中、不断的观察中，逐步认识到事物的发生、变化和结果。然后结合口头作文报告实验经过。下面就是一篇经指导后做的口头作文：

一天放学后，我高兴地告诉妈妈，我要做个科学小实验。说着我拿出蜡烛、火柴和玻璃杯，准备做实验。

我先划着了火柴，点着蜡烛，然后轻轻地拿起玻璃杯，小心地罩在蜡烛上。我睁大眼睛看着，只见那火苗渐渐地变小了，变成蓝颜色了，不一会儿，还听见“嗤——”的一声，火苗就熄灭了，只剩下了一股烟。

实验成功了，我高兴地对妈妈说：“科学实验真有趣。”

学生自己动手，耳闻目睹，手到、眼到，心也到，引发他们积极思考。他们面对种种变化的现象是不可能不产生许多“为什么”的。可以说，观察得越多，提出的“为什么”就越多；观察得越细，积累的感知材料就越具体。

想象是在感知材料的基础上创造出新事物的形象。没有想象，就没有创造和发明。没有想象，就没有任何预见。为了促使学生边观察边思考，我把指导观察和发展想象结合起来进行。低年级学生的想象是非常生动的。鲁迅先生说过：“孩子是可以敬服的，他常常想到星月以上的境界，想到地面下的情形，想到花卉的用途，想到昆虫的语言；他想飞上天，他想潜入蚁穴……”我教《小小的船》时，在学生眼前描绘了一幅美丽的图画——蓝天、云朵、群星闪烁、月儿弯弯。我启发学生展开想象：弯弯的月儿像一只小小的船，你就坐在这可爱的船上，那么无边的蓝天像什么？朵朵白云像什么？明亮的星星又像什么？这些问题把学生带到浩瀚的宇宙，于是他们展开了诗一般的幻想：“蓝天像大海”“朵朵白云像大海的波浪”“那闪闪的星星就像航灯”。观察图画可以启发想象，观察现实生活的景象，同样可以。当我带学生登高远望，看到五座山耸立在天边时，我让学生展开想象。他们一个个津津乐道："五座山像五个巨人""五座山像五个战士守卫着我们的家乡"还有的看见山上雾蒙蒙的，就想得更美妙了："五座山就像小女孩披着灰纱巾不好意思地望着我们。"想象使学生的心灵插上了翅膀，在智慧的云海里翱翔……

这样经常有目的、有计划地指导学生进行观察，并在观察中启发他们的想象，学生的观察力就会逐渐敏锐起来，有意注意就会逐渐转变为无意注意，他们就会自然地留心周围的事物。平时，我可以不断地听到学生汇报"新观察"。观察，使他们打开了眼界，增长了见识。观察，为他们打开了认识世界的窗户。

三、以启发学生的积极思维为重点

感觉和知觉是认识的感性阶段，认识的真正任务在于经过感觉到达思维。而一个人的思维力又会直接影响他的理解、观察、想象和记忆。因此，思维力是智力的核心。由此可见，发展学生的智力，应以启发学生的积极思维为重点。

要启发学生的积极思维，首先要打开学生的思路。思路闭塞，智力就很难发展。学生的思维是从具体到抽象、从不完善到完善逐渐发展的。要打开学生的思路，应该遵循这一规律，从启发学生思考具体问题着手。这就要求教师的发问和作业富有启发性。教授《乌鸦喝水》，我就启发学生先想一想："瓶子很高，口很小，乌鸦喝不到水，你们能给它想个办法吗？"学了课文之后，我再让学生分析一下"乌鸦想的办法究竟好在哪里？"从而让学生通过分析，初步确立事物在一定的条件下是可以变化的概念。带有比较性质的提问，容易激发学生做出正确判断的愿望，从而引发他们积极思考。

教师向学生提出问题，学生能正确回答只是一个方面，但更为重要的一个方面，就是要启发学生自己提出问题，这样才能进一步打开学生的思路。可以说，一个人的智慧就是体现在不断地发现矛盾和解决矛盾之中，并在其中得到发展。学生怀着许多美好的愿望，他们带着许许多多的"是什么""为什么"来到课堂，并希望从老师那儿得到解答。学生的这些心理特征告诉我们，教师从小学一年级起就培养学生自己主动地提出问题的习惯是不困难的。"人非生而知之者，孰能无惑？"办法是第一要鼓励，第二要引导。先让他们问起来，而后逐步达到围绕课文提问的目的。教到"太阳、地球、月亮"时，就有学生提出：

"地球和太阳谁大?""星星和太阳谁大?""宇宙和世界哪个大?"这些问题似乎有些脱离了课文，但是它们却唤起了学生对宇宙奥秘的许多幻想和长大后去探索的激情。我热情地鼓励了这些学生。教师的态度对学生的影响很大。通过经常性的鼓励，他们就会养成爱提问题的习惯。当然，既然是语文课，就要尽量地做到通过学生提出的问题，加深他们对字词句和语文内容的理解，这要靠引导。在学生提的许多问题中，总会有一些是问在点子上的。我就及时抓住这些问题做范例，让全班学生有所仿效，从而帮助学生学会提问。学生有了主动提问的习惯，不仅避免了读书时的囫囵吞枣，而且逐渐地学会了思考。长此以往就可做到"眉头一皱，计上心来"。

低年级学生的形象思维比较活跃，但逻辑思维能力较差。而且他们的逻辑思维大多是与感性经验联系在一起的。因此在低年级里，逻辑思维的训练和培养就显得十分重要。

我认为低年级学生逻辑思维的训练，是从大量的词语教学开始的。一个词就是一个概念。把每一个词准确地教给学生，学生才能正确地运用词语、运用概念，从而进行推理，做出判断。例如，一年级小学生先后学了有关"夜晚"的词，就有了"傍晚、夜晚、黑夜、深夜"的词，同样，关于"海"的词就有"大海、海面、海上、海里、海底"。这些词意思相近，但有大概念和小概念之别。前一组有时间的先后，后一组有方位的差异。学生只有正确地掌握了这些词，才能准确地概括事物，这是对学生的逻辑思维进行训练的基础。

培养学生的逻辑思维，对低年级学生来说，应该着重训练学生思维的条理性。有条理，就合乎逻辑。为此，在引导学生观察事物时，我指导他们按一定顺序进行观察，或由近及远，或自上而下（反之也可），或由整体到局部，或由现象的发生到结果。这样有顺序地观察，使学生获得的材料是有条理的，而不是凌乱的，学生的思路也随之条理化了。在学生进行口头表达时，我也要求他们按一定顺序进行叙述。做一篇《狼山》的口头作文，要他们按"山上、山顶、山下"的方位依次口述；报告灭火实验的经过，则按照"点着了火→罩上玻璃杯→火灭了"这一观察、认识事物的过程进行口述；教《雷雨》一课，让学生按照"雷雨前、雷雨时、雷雨后"的时间顺序复述……这样引导，学生就在进行口头表达时受到了合乎逻辑的顺序训练。

除此之外，也可进行一些初步的归纳推理和演绎推理的训练。在教《小小铅笔要爱惜》时，我出示了三个句子："小红用铅笔写字。小明用铅笔画画。小林用铅笔做数学题。”我要学生在后面加一句话说明铅笔的用途。学生根据上面三句的内容，很自然地归纳出“小小铅笔用途大”的结论。可以说，这就是最初步的对归纳推理的逻辑训练。又如教《小壁虎找尾巴》，我先总说一句“动物的尾巴很有趣”，再让学生分述“小鱼、老牛、燕子、壁虎”的尾巴的特点，引导学生做演绎推理的练习。

在上面这些思维训练中，学生不断地进行分析、比较、综合，思维力得到了较快的发展。

四、以训练学生的语言为手段

一个人要表达思想，一定要借助于语言，语言对学生的认识起着主导作用，掌握语言是学生思维能力发展的重要环节。所以，在语文教学中发展学生智力，应以训练学生语言为手段。

低年级学生模仿能力强，语言训练可紧密结合范文进行，不必舍近求远，另起炉灶。我针对教材的特点，紧扣课文词句，从模仿开始，由易到难地对学生进行语言训练。朗读、背诵和接近原文的复述，是经常性的训练。它可以让学生理解和记忆课文中的常用词语、句式和叙述顺序，使课文语言逐渐成为学生口头语言或书面语言的一部分。用词造句是学生学习、运用规范语言的起点，应作为语言训练的重点。例如，教“一群”这个数量词时，就是在学生进行偏正式词语搭配（一群××）的训练中，让学生理解其使用范围的。接着，进一步引导学生说“一群××在做××”，在学生进行这些说话练习时，我要求他们开动脑筋，独立思考。于是，学生从小动物活动的状态说到人的活动，如“一群小鱼在河里游来游去”“一群小蝌蚪去找妈妈”“一群小羊在草地上吃草”“一群小燕子从南方飞来了”“一群蜜蜂在花丛中采蜜”“一群少先队员在唱歌”等。可以说，造一句话，学生脑海里就产生出一幅图画。这是语言的训练，也是思维力、想象力的训练。

为了进一步发展学生的智力，在语言训练中，我十分注意总结学生的思维特点，掌握他们爱说的题材、形式，以增强训练效果。《一只小羊羔》这篇课文中的第二幅插图，画的是秋华和老大爷在对话的情景。我就引导学生从画面人物的动作、神态去展开想象，组织人物的语言。为了激起学生练习的积极性，我让学生扮演秋华，我自己扮演老大爷。他们一个个兴高采烈。我提出：“秋华，你捧着羊羔是怎么向我这个老大爷打听的?”有学生连忙说:“你丢了小羊羔吗?”我随即启发:“你和老大爷讲话就这么没有礼貌吗?”学生立刻领悟，在前面加了称呼:“老大爷，您丢了小羊羔吗?”“老大爷”回答没丢羊羔后我又进一步启发学生:“下面你又该怎么说呢?”学生想了想回答得很好:“老大爷，麻烦您了!”有的还把秋华焦急的心情表达了出来:“那么是谁家的小羊羔呢?真急人!”学生在十分愉快的气氛中进行了生动的语言训练。语言训练又进一步开拓了学生的思路。

训练要反复进行。在反复训练中，我做到:大家练，练扎实。只有反复训练，能力才会提高。要提高，就要有意识地逐步增加难度。例如，在练习叙述有关春天的特征时，我先利用课文中出现的春天的“风”“阳光”“花草”“树木”等名词做主语，让学生练习说一句话。进而以“春天来了”做主导句，让学生说一段话。然后才做《找春天》的口头作文。因为体现了“先搀后放”循序渐进的原则，所以表达得比较好。一个小朋友当堂边想边说:“星期三下午，温暖的阳光照耀着大地。老师带我们到人民公园去找春天。我们来到小桥上，往下一看，河水轻轻地流着，河边一排排柳树已发了芽。我们来到公园里，看见桃花开了，春梅开了，玉兰花也开了。小草也偷偷地从地下钻出来了。蜜蜂嗡嗡地在唱歌。小鸟在树上叽叽喳喳地叫着，好像在说:‘小朋友，春姑娘到我们这儿来做客了。’”接着又有许多小朋友补充:“春天来了，朵朵花儿张开了笑脸，大地披上了绿色的新装，啊，春天来了，我爱祖国的春天!”不难看出，语言的发展，促使学生的形象思维和逻辑思维都有了不同程度的发展。学生“每天写一句话”(内容自选)的练习，也反映了此现象。他们从自然界的日月水火、花草树木、春夏秋冬，写到自己的所见所闻、所思所想、所作所为，内容丰富，思想活跃。智力的发展，又促进了学生语言能力的提高。

我将以上这些“在低年级语文教学中开发儿童智力”的实践与认识写进了论文里，带去了南京，参加省教育学会成立大会。那是1978年的秋天，那天夜晚，我和教育局局长，还有几位老师坐上了江汉的轮船到南京去。舱外是浩瀚的长江，时时可以听到浪头拍打船体的声音，江上是漆黑的夜，而我的心里是亮堂堂的，希望的灯就在前面亮着。我真没想到自己能有机会到省会参加学术会议。我更觉得提包中的论文沉甸甸的。那不仅是用我的智慧，更是用我的人格、我的意志写成的。其间渗透着一个穷孩子的自尊，一个小学老师的赤诚，一位女性的清高。

报到后，见到做会议秘书工作的处长，我鼓足勇气问:“处长，不知道这次大会发言是怎么安排的?”

处长坦诚地说："从目前的安排看，可能没有你在大会发言的安排。"

我听了并不失望，因为我的期望本来就没有那么高，能来参加这样规格的会议我已经心满意足了，而且又把自己凌乱的一些想法和一些经验进行了整理，与自己新学的理论结合起来，觉得挺有收获，心想：不发言也好，就用不着紧张了，那就专心听别人讲吧。

没想到第二天，那位处长找到了我们的局长，接着又找到我，对我说："南京师院院长张焕庭教授认为你的论文很有新意，他很赞成你的观点，那就请您做好在大会上发言的准备吧！"

我们南通代表团的领导和代表听了这消息都十分兴奋。晚上，大家都来关心我，有的说："李吉林，你千万别照稿子念"；有的说："你也不能背稿子"……大家都为南通有代表在大会上发言而高兴，当然我自己也为我能有这样一个阐述自己观点的机会而庆幸。我在欣喜之余，提醒自己要讲就得讲好，我便照大伙儿的提醒和要求去做，既不念稿子，也不背稿子，而是脱稿阐述。

大会隆重地开幕了，会场气氛非常热烈，领导和代表充满改革新意和催人向上的发言，都让我觉得久违了。我坐在位置上激动不已，深感如今的生活是这么美好，教育是这么绚丽多彩。

快轮到我发言了，我又翻开昨夜已背熟的讲稿，看了又看。在那短促的一刻，似乎什么也记不清了。

大会主席宣布："下面请南通师范二附小李吉林老师发言，她讲的题目是《怎样在小学低年级语文教学中发展儿童的智力》。"我在掌声中快步走上主席台。我手上拿着讲稿，眼睛看着台下的代表，心在胸膛里咚咚地跳，我按捺不住心头的激动，报告我的论文。

我讲着讲着，两腮滚烫滚烫，满脸通红。我在一片热烈的掌声中结束了我的发言。会议休息期间，很多人向我围拢过来，大家祝贺我、称赞我，身旁是一张张发自内心的微笑着的脸庞。老厅长朱子闻先生特别高兴，因为他"文革"前曾经来过我们学校，让我参加他主持的座谈会，所以他看到我的进步兴奋得不得了。老厅长满心欢喜地说："李吉林，行啊！你讲得很有道理。想不到多年后我们还能在这里相见，还能听到你在台上发言，真是太让人高兴了。很好，很好，我祝贺你！"说着紧握着我的手不放。一会儿，长叹一声，"只是天石老厅长听不到了——"。在朱厅长旁边，还有南京市教委主任朱刚先生，他一身近乎老干部的打扮，也一个劲儿地夸我："讲得好，好！难得呀！"

当时还很年轻的王铁军老师也眯着笑眼说："李老师用了心理学的理论，很有见地。"

还有南京师院、镇江师院的许多专家、老师、领导，虽然我们彼此并不认识，但是教育的改革和发展，把我们很自然地连在一起。会场休息厅热气腾腾，欢声笑语不绝。改革的春风吹拂着中国大地，吹进了教育园地，代表们一个个满面春风。我也感到自己又回到了十几年前——1962 年秋天，吴天石老厅长在常州主持江苏省语文教学座谈会。当时我作为最年轻的代表参加会议，也发了言，他也是用这样赞许的目光望着我，关切地问我的。

不一会儿，朱刚主任又来到我面前（有人介绍说朱刚主任是陶行知的学生），他热情地说："你讲得好，我们明天请你在玄武大礼堂给全南京市的老师讲一场。"我一听立刻紧张起来，那是做大报告。朱刚主任看出了我的胆怯，又鼓励我："没事，你去，就这么定了！"

第二天，在朱刚主任的引领下，我走进玄武大礼堂，南京的老师陆续走进会场听一个来自江北的小学老师的报告，我真惶恐极了。

不一会儿斯霞老师也来了，她在主席台上坐下。我想，我的大会发言她已经听了，这不是听第二遍？我意识到这是前辈的一种提携，一种无声的支持。我心里踏实多了。全场鸦雀无声，静静地听我讲。报告在南京引起很大的反响。谁知这消息不胫而走。当我回程路过上海时，住在旅馆里，上海市虹口区教师进修学校的张院长和朱静英老师找到我的住处。我并不认识他们，但他们很客气地说："李老师，您在南京市做了一场非常好的报告，我们听说了，也想请您在我们虹口区为我们上海的老师做一场报告。"这突如其来的邀请，让我不知如何应对，也没人商量，我心里忐忑不安。我一个初出茅庐的小学老师竟跑到大上海做报告，扬眉吐气的快感和胆怯交织在一起。那场报告也同样受到了上海老师的热烈欢迎。

多少年后，朱静英老师还回忆说："李老师，你那天到上海来做报告，我们看见你鞋子上还有泥巴呢！"我想，这说明我一心只想着把报告做好，顾不得从头到脚地打扮自己。我便自我解嘲地说："鞋子上有泥巴，不就是个乡巴佬儿吗，还到上海来做报告?!"说着，两个人都欢笑不已。

这次参加了省教育学会成立大会，我的第一篇论文从江苏到上海，产生了很大的反响。所以一下子就有好几个杂志社，全文或分上下两期刊登了我的这篇论文。《江苏教育》是最先发表的，在 1979 年的第 1 期和第 3 期全文发表。

这篇论文当时在全国来讲，是基础教育领域关于发展儿童智力的第一篇论文，因此引起了学术界很大的关注。

《江苏教育》的封面

在小学低年级语文教学中发展学生的智力

江苏省南通师范学校第二附属小学　李吉林

教育是开发智力的工具。这种工具性，在小学低年级语文教学中，可以发挥得更为充分些。这不仅因为语言是思维的外壳，更主要的是低年级儿童的大脑正处于重要的发展时期。有人把它称为智力发展的最佳期。在这一时期，如果能给予合乎科学规律的教育，就能奠定智力发展的良好基础。所以，我们要"在学生发展上下功夫"。下面谈谈我的一些体会和做法：

一、以培养学生学习兴趣为前提

学龄初期的儿童，他们的学习兴趣，往往是直接与学习活动本身相联系的。他们还不能以"为了实现四个现代化我必须努力学习"的理性认识来控制自己的情感和意志。这一时期，无意注意仍起着重要作用，他们的注意力往往不能保持四十五分钟。然而，兴趣却是引起和维持无意注意的一个内部因素。学生如果对学习发生了兴趣，常常可以保持较长时间的注意。因此，我认为培养学生学习兴趣，促使他们爱学、好学，这是在教学中发展学生智力的前提。可以断言，没有这个前提，在教学中要发展学生的智力是十分困难的。

为了培养学生的学习兴趣，发挥内因作用，我注意把课上得"好懂、有趣、有一定难度"。汉语拼音教学，搞不好会使学生感到枯燥无味，特别是书写的变化，学生更不容易搞清楚。例如jqx不和u相拼，和ü相拼时省掉ü上两点。我就编了顺口溜，帮助学生理解记忆："jqx真稀奇，就是不愿和u做游戏"，"小ü遇上jqx，擦掉眼泪笑嘻嘻。"这些简单的顺口溜念起来上口、好懂、有趣、又好记。在汉语拼音全部教完后，为了避免单调的重复，我就以学古诗的办法来巩固音节。即出示的音节连起来就是一首内容浅显的古诗，如《锄禾》《草》《静夜思》等。学生既巩固了音节，又初学了古诗，兴趣很大，拼音就不是枯燥的认读了。既然学生有兴趣，后来我又结合识字和课文教了一些古诗。学了王冕《学画》的故事，我教给他们王冕的《墨梅》诗；巩固"鹅"这个生字时，我教给他们骆宾王七岁写的诗《咏鹅》；学生学习有关春天的词句和课文时，我又补充教了《泊船瓜洲》和《游园不值》这些描绘春天的古诗。这样，李白等我国古代著名诗人的诗都有了一些接触，扩大了学生的知识面，也丰富了他们的想象。汉字的字形结构比较复杂，我就从造字的原则，运用教具和动作的直观，帮助学生记住字形，而且还鼓励学生自己动脑筋想办法记。学生积极性很高，教"雷"字，学生说："打雷了，雨落到田里去了。"教"办法"的"办"，学生想得更好："出大力流大汗，办法就来了。那'力'旁边的两点就象汗珠。"他们想的办法生动形象，对字形自觉地进行了很好的识记。同时，我又把刚教的一批字，编成儿歌，让学生在具体的语言环境中巩固识字。这些儿歌，他们都很爱读。因为这是他们靠自己识字学会的，而不是象在幼儿园那样，跟着老师念会的。

学生学知识，总是喜欢与他们已有的知识相联系，同时又能有新发展，学到新知识。我教《画》一诗，其中有山、水二词，我就教给学生"山水"，加上"一"为"一

13

《江苏教育》1979·1
小学版

在《江苏教育》发表的论文

当时我想，影响已经出去了，我该怎么面对这样喜人的新情况呢？心里很不踏实。我默默地对自己说，只有好好学，好好干。我又告诫自己：心要热，头脑要冷静。这是当时我自觉地对自己提出的新要求。也正因为如此，我改革小学语文教学的心更急切了，把孩子教好的决心更坚定了。此后，我更是每日每课地动脑筋琢磨。

第二章
一个信息做了 40 年
——从训练语言、发展智力起步

一、提高起点，提早起步

二、创设情境，带入情境

三、注重启发，促进发展

四、逐步训练，培养能力

当时这种真切、热切、急切的心理状态，令我终日沉浸在对教学工作的思考中。路在脚下，究竟该怎么走?! 在小学语文教学中，儿童发展究竟是个什么规律？我当时就像个孩子一样，一种强烈的求知欲望使我的内心平静不下来。我渴望学到新的东西，努力突破传统教学的条条框框，为孩子挣脱束缚。

在1979年“五一”前夕，我出席南通市举行的劳模座谈会。我走进市文化宫二楼大厅，巧遇初中的外语老师。我恭恭敬敬地跟外语老师打招呼，也很自然地坐在他的旁边。我刚坐下，他就对我说：“李吉林呀，你那篇发展儿童智力的文章里介绍的训练语言的办法，在外语教学里也很好用。”我一听开心得不得了，惊喜地说：“哦，是吗?!”随即我又请教他：“那么蒋老师，您外语里面，有没有什么方法我们汉语教学里也可以用呢?”他稍微思索了一下，提示我去看一看最近一期的《中小学外语教学》杂志，说里面的介绍或许对我有启发。

第二天，我就迫不及待地到市教研室把这本杂志借来了，坐在办公室里一口气把它读完。看了之后，我第一感觉就是：在外语里通过情境的创设，让孩子学习词汇，进行句式的训练，孩子学得生动有趣、非常轻松。我就想，这办法挺好。汉语教学在当时来讲是呆板而抽象的，于是我产生了一个想法：能不能把外语的情境教学，移植到小学语文教学中来?

这个问题提出以后，我进一步想到它的可行性。我想到曾经读过的《语言学》：语言文字是一种工具，是人们交流思想、交流情感的工具。我想，外语和汉语既然都是沟通、交流的工具，那两者必有其共性。我再联想到我们的生活，在我们的具体生活中，不管是中国的孩子，还是外国的孩子，他们刚开始学习语言时，都是在一种情境中学习的。孩子的第一声“妈妈”，是“妈妈”的这个形象多少次出现在他的面前，然后妈妈教他发“妈妈”的音，孩子才渐渐地学会的。推而论之，所有的语言都是在具体的生活情境中学习的。我想，这就是两者的相通之处，这是由它们的本质属性决定的。

既然外语、汉语的本质是相同的，那么情境教学就不仅可以是外语教学的方法，同样也可以成为中国孩子学习母语的生动场景。

当时我做了这样很初步的分析，用现在的话来讲，还算不上提出问题后的“理论假设”，只是非常粗浅而不规范的设想。不过也至少做了些分析与思考。但由于当时的条件和我个人的局限，只能这样“土法上马”了！但正是这种“土办法”让情境教学走进了我的小学语文教学课堂。

为了稳妥起见，开始我仅仅是做了一个局部的尝试。那只是在阅读课上留下5分钟进行语言训练。第一次是我教《小马过河》的时候。课文是一篇童话，里面有几个角色：老马、小马、松鼠、老牛。课文生动地描写了这些童话角色的对话，描写了它们说话时的神情和动作。我想通过创设情境，让学生在描述中运用提示语。那天我班上刚巧获得卫生红旗，我就请班上年龄最小的吴洲表演。

我小声地对吴洲说："吴洲，今天班上得红旗，你高兴吗?"他点点头，我又接着说："那你就告诉大家这个好消息，非常高兴地告诉大家，蹦蹦跳跳地跑进教室，最好说两遍，好吗?"

可爱的小吴洲一边跑着、笑着，报告这个好消息。接着我要孩子们把吴洲的神情、动作、报告的内容说一说。结果大家看了吴洲的表演，开心得不得了。因为在那时候，小学语文教学课堂上出现孩子这样的表演，那真是绝顶新鲜的事！孩子们兴奋不已，纷纷举手，有的非常迫切，把手举得老高，他们争先恐后要发言。他们说：

"吴洲连蹦带跳地说：'我们班上得红旗了！'"

"吴洲跑进教室，欢天喜地地说：'我们班上得红旗了！'"

"吴洲连声喊：'我们班上得到红旗了！我们班上得到红旗了！'"

"吴洲兴高采烈地大声喊：'我们班上得红旗了！'"。

…………

描写吴洲动态的词语，像蹦跳出来的似的，一连串的词都用上了。孩子们的兴奋感染了我，我即兴创设了一个情境：

"现在你们看李老师，"我望着孩子，笑嘻嘻地对大家说，"小朋友们好！"随即我对孩子们说："你们能描述一下李老师刚才说的和脸上的神情吗?"

孩子们更兴奋了，一下子呼地举起了手，他们不假思索地说：

"李老师微笑地说：'小朋友们好！'"

"李老师满面笑容地说：'小朋友们好！'"

"李老师亲切地说：'小朋友们好！'"

…………

我真想不到，孩子们对情境的创设是这么欢迎。语言活动热烈地进行着，孩子们的思维非常活跃，词语的检索速度飞快。我真是开心呀！

那天正好是学校的李静教导主任和教研室的一些老师听我的随堂课，下了课，李主任就说："李吉林，你今天这个办法好。"

我脱口而出：“我今天用的是情境教学。”说完，我自己也惭愧地笑起来了。虽然当时我自己对外语中的情境教学也不甚了解，但第一次的成功给了我极大的鼓舞，我认真思考怎么把它继续做下去。第二堂课、第三堂课……我从创设一个情境，说一句话，到创设几个情境，说几句话，到最后创设连贯的情境，说一小段话。有时候，我自己也表演角色，比如我是小红的妈妈，是小明的奶奶，孩子们都非常高兴。我逐渐意识到，情境不仅为儿童语言的发展提供了非常好的场景，而且还使老师和学生的关系变得非常融洽。我感觉到情境激起了孩子热烈的情感，在语言活动中，他们的情感在起作用。我开始意识到儿童语言的发展有情感伴随该多么好。同时也感悟到儿童学习语言需要在情境中进行。

我思忖着，我创设的情境有什么共同的特点？我粗略地分析了一下：一是创设的情境是儿童在生活中经历过的，他们觉得特别亲切；二是情境要与课文语言相连，这样他们就有词汇去描绘它，这就非常顺利而且很自然地促使儿童运用课文语言。

我真想不到，蒋老师传播的这个信息，让我由此探究了近 40 年。我自己也反思，在如今的信息社会，需要学会捕捉信息。对于这一信息，我为什么能够一下子就把它抓住了？那是因为我一直在思考，一直在寻求一条有效途径，这

李吉林反思实践中的感悟，撰写论文

条途径是孩子们喜闻乐见的，是可以使语言文字的学习化难为易的。真没想到对这一信息的把握，竟然让我一步步在中国的大地上创建了情境教学——情境教育……在这里可以引用一句格言：“灵感惠顾有准备的头脑。”

大概是受第一篇论文的影响吧，1980 年暑假，全国小学语文教学研究会的创始人之一、北师大的高惠莹教授给我写信，热情地推荐我这个还没见过面的小学语文老师去大连参加全国小学语文教学研究会成立大会，参加这次会议同样也需要携带论文。我当时接着上次的思路，准备写关于儿童智力发展方面的论文，当然不能重复。当时我问自己：智力发展最主要的途径是什么呢？怎样体现语文学科的特点呢？于是我根据自己最新实践的感悟，写成了论文《把训练语言与发展智力结合起来》。

一、提高起点，提早起步

小学一、二年级的学生，是 6～9 岁的儿童。据研究，这一时期是一个人智力发展最佳期（4～8 岁）的后半期，也是儿童语言由简单句向连贯句、由口头语言向书面语言过渡的重要发展时期。在儿童大脑迅速发展、求知欲最旺盛的时期，若只以识字为教学的主要内容，对儿童语言和智力的发展来说，不能不说是一种损失。因为待学生读完小学二年级，已是八九岁的儿童了，这就错过了儿童智力和语言发展的最佳期。诚如国外一位教育家所说的那样：“儿童的能力如果不在其发达期给予发展的机会，就会一个一个地枯死，就会发生儿童能力的递减的现象。”由此可见，在小学低年级语文教学中不失时机地给儿童以发展能力的机会，让他们尽早地得到发展，是十分重要的。

小学语文教材提供了进行字词句篇语言训练的丰富材料，包含着可以用来发展智力的诸多因素。因此，无论从学生发展的心理特点还是从教材内容来看，我以为识字教学应作为小学低年级语文教学的重点之一，因为不识字就无法进行阅读和写作。但识字不是唯一的重点，训练语言、发展智力应及早进行。

基于这样的指导思想，在进行识字教学的同时，我把语言训练贯穿其中，适当增加难度，让作文提前起步。一年级上学期，通过拼音、识字、阅读，进行大量的“说一句话”的训练，3 个月后开始口头作文；下学期就进行每天“写一句话”的训练。二年级上学期每周写两段话，进行书面短文练习，开始写作命题作文；二年级下学期每天写一篇观察日记。在教授课文时，以理解、运用为原则，让学生进行篇章和修辞的训练。

提到篇章和修辞的训练，人们总认为这是中高年级的教学内容。其实，低年级教材已包含着一定的浅显易懂的篇章知识。稍加指点，学生即可接受。加之儿童的思维条理性不强，及早进行篇章的训练，可补其缺，促进逻辑思维的发展。而儿童富有想象力，思维具体形象，他们很喜欢让小鸟、小草说话，把甲事物比作乙事物，可以说，他们是擅长比喻和拟人的，只不过不懂得术语罢了。因此，引导学生运用修辞手法，正可“扬其长”，使他们的想象力得到进一步发展。我想，既然是教了学生就可以学会的东西，何必一定要拘泥于陈规而不教呢？凡是学生能理解的，就应该是合适的。于是，我按照字词句篇“四杆齐下”、各年级有所侧重、螺旋式上升的顺序来组织教学。

此外，我还增教了古诗，增加了学生的阅读量。古诗中的许多名篇是我国优秀的文学遗产。在学生幼年记忆力强的时候，让他们多读多背些，对发展他们的形象思维和语言、增强他们的记忆力、陶冶他们美的情操都是有益的。因此，我每学期都选10首思想感情健康的古诗，做补充教材。

这样适当提高起点，增加难度，就把学生带入了智力的最近发展区，学生的智力发展便可开足马力。他们要“跳一跳”，才能“摘到果子”，也只要“跳一跳”，就可以“摘到果子”。

提高起点，提早起步，发展了学生的语言和智力，也相应地提高了他们的识字能力。据不完全统计，小学阶段学生平均识字2 648个。1～4册统编教材要求识字1 690个，默写正确率达99.4%。两年来，我所教的班级学生在学好统编教材的基础上，另外多学了85篇课文（其中包括40首古诗）。每一个学生“写一句话”练习90余次，短文写作练习39篇、观察日记84篇、命题作文（口头和书面）30篇。每一个学生入学后进行的这些创造性书面语言的训练，除去开始11次未写成书面的口头作文外，共达230多次。这也就为学生提供了巩固识字的极好机会。学生能非常轻松愉快地学习，没有多上一节课，我也没有过重地增加学生的课外负担。

二、创设情境，带入情境

学龄初期的儿童，怎样才能提高起点、提早起步呢？有效途径之一便是根据教材和作文题材创设情境，把学生带入情境，为学生提供具体生动的语言环境，把语言训练和发展智力统一在情境教学中。

生活是人类语言的源泉，有生活才有语言。可以说，一个人在孩提时期离开了具体的生活情境，是无法学会语言的；而到了少年时期也是无法学好语言的。情境教学这种手段具体形象，为低年级小学生所喜闻乐见。因此，我便常结合教材和作文题材，设置情境，让学生回到生活里学习语言，并促进学生智力的全面发展。

通过图画、照片、音乐和文学语言的描绘这些艺术的手段，再现教材提供的情境，让学生体会教材语言的准确、鲜明、生动。过去，讲读课运用的“发胖式”的分析法，流弊确实很大。它的症结是把文章搞得支离破碎，破坏了文章的意境和整体美，削弱了教材的感染力，孤立地讲授基础知识。而情境教学可以把学生带入情境，促使学生细致地观察和了解客观事物，深切体察自己的感受，从整体上理解词句，加深对教材的领会。《小白花》这篇课文，描绘了1976 年 4 月初，首都人民在天安门广场悼念周总理的情景。但这一历史事件，离学生生活比较远，怎么才能使学生有所感受呢？于是我先出示了一张放大的当时拍摄的照片，它给学生以特别强烈的真实感。我让学生一边听录音，一边观察，使学生对课文中描写的整个天安门广场花山人海的情景有了感性的认识，而后让学生结合照片，朗读有关的课文，进行语言的训练。接着我选取了以悼念周总理为主题的小提琴协奏曲中几个乐句，借助音乐的语言，再现首都人民面对纪念碑向周总理默哀的情境。音乐声起，悲哀的气氛被渲染得特别强烈，一下子就扣住了大家的心弦。学生静静地听着，想象着课文中描写的那个情境，大家低头不语，仿佛自己也来到了纪念碑前，正在向周爷爷默哀。在这样的情境中我范读课文，学生轻读课文，他们深情地读着：“敬爱的周爷爷啊，我们想念您，您永远活在我们心中。”课文中的语言成了学生的共同心声。我自己好像也进入了那个情境，不禁潸然泪下，学生也忍不住哭了，晶莹的泪珠挂在脸上……接着，我要他们用“天安门广场”说一句话，描绘当时的情境，学生的想象十分丰富：“天安门广场上静静的”“天安门广场上国旗低低地垂着，松树挺立着，金水桥下的河水呜呜地哭起来了……”课后学生说：“我好像看到了那个情景。”

通过师生动作的演示，设置和教材有关的情境，进行语言的基本训练。《小马过河》这篇文章描写对话时用了许多“提示语”：“小马连蹦带跳地说”“老马亲切地说”等等。为了引起学生对“提示语”的注意，促使他们在日常生活中注意观察周围人说话时的种种神态和动作，从而引导学生学习运用提示语，我设计了两个情境、两个动作。一是指名一个学生演示动作：欢蹦着进教室的同时说“我们班上得红旗了！我们班上得红旗了！”；一是我自己微笑着说“小朋友们好！”，分别训练学生说一句描写人物说话时动作、神态的句子。演示时，全班学生一个个凝神视之。从他们的面部表情我可以知道，此时，他们的大脑皮层形成了优势兴奋中心。这种兴奋性越高，注意力就越集中；注意力越集中，观察得就越持久、越真切。这就向学生提供了鲜明的感知材料。加之我要求他们把观察所得表达出来，这必然促进学生思维力、想象力、记忆力的全面发展。按照心理学家的说法，学生在观察、感知时，主要是形象思维的大脑右半球兴奋，观察后，用语言表达情境时，主要是抽象思维的大脑左半球兴奋，这样大脑两半球交替兴奋、抑制，就可大大挖掘大脑潜能，使学生在轻松愉快的气氛之中学习语言，而不至感到疲劳。所以在阅读课上，我很少进行名目繁多的语文基础知识的练习，更不采用“题海战术”。语言是有生命的，“题海战术”却是抽掉了语言的生命，使语言变成了干巴巴的文字形式上的变换和组合，学生做得透不过气，索然无味，结果收效甚微。

结合教材或作文，把学生直接带入生活的真实情境中去，让学生进行口头作文和书面作文的训练。情境教学，往往是从观察入手，使学生获得丰富的感知材料。生活的图画丰富多彩，学生可有感而发。我带孩子们登高望远，让他们认识家乡的美景：春天来了，带他们到公园的花丛、草坪、树下、水边找春天；秋天，庄稼成熟了，我带他们去观察秋天田野里丰收的景象；初冬时节，我又带他们到野外、到庭院认识初冬特有的景象。带学生去观察大自然，就是带学生去认识世界，激起学生对大自然的热爱。世界上再没有比大自然更好的老师了，大自然绚丽的画面，是我常常选取的情境。

情境要让学生感知，学生才会有所表达。鲜明的感知目标，才便于学生分析、综合、再分析、再综合，而这正是学生智力积极活动的过程，也是学生内部语言发展的重要过程。事先我总是一个人到野外去，认真选取感知目标，并从景物远、中、近的层次确定观察的角度，安排合理的观察顺序。确定了感知目标，还得考虑好带有启发性的导语和提问。例如：我带学生观察秋天的田野，站在大桥旁，近看一大片丝瓜棚。我指导他们先看棚上花的色彩、形状和花上飞舞的蝴蝶，然后看棚下的瓜，并问学生：“那大丝瓜该多大啊！你们的手臂和它比比看，哪个粗？”“那些小丝瓜躲到哪儿去了呢？”这些导语和提问，激起了学生的想象和思维，使他们的观察更精确，表达的内容也就具体了。学生这样描述丝瓜：“我们站在大桥上，眼前是一片丝瓜棚。棚上开满了一朵朵小黄花，真像一只只金色的小喇叭。棚下挂着一条一条大丝瓜，有的比我们的手臂还粗呢！小丝瓜呢，它比不过大丝瓜，就不好意思地躲到绿叶背后去了……”事先考虑好导语和提问，指导学生观察时才能心中有数，有的放矢。当然，这也不是一成不变的，有时还要因时制宜，让学生去发现那些充满生活气息的情境。那天，我们站在大桥上，刚巧刮起一阵风，我便随即指导学生看在秋风中摇曳的芦苇，以“一阵秋风吹来……”做导语，让学生描绘芦苇的动态。经过多次训练，学生写作文时就无须再搜索枯肠，而是言之有物，充满生活的情趣，没有空话和假话。在情境中学生的智力和语言都得到了发展。

三、注重启发，促进发展

在小学低年级语文教学中，既要教学生识字，又要对学生进行语言训练。发展智力，似乎毫无头绪。但一切事物都有个核心部分。语言和思维是不可分割的，而思维又是智力的核心。因此，要把语言训练和智力发展结合起来，就要紧紧抓住核心，注重启发学生的思维力。国外一些教育专家提出：就目前时代对人类的要求来看，如何充分利用人类特别是儿童的脑的可能性与可塑性的问题，无疑是人类最重要的问题。从这个观点来看，走在儿童发展前面的教育，是最好的教育。苏联教育家赞可夫就指出：“只要在发展上下功夫，学生掌握知识就更容易，知识质量才能真正得到提高。”语文教学同样如此。学生会想，便会说，想得多，表达的内容就丰富；想得合乎逻辑，表达起来也就有条理。因此，要把训练语言和发展智力结合起来，从根本上提高语文教学的效率，必须注重启发，促进发展。

首先要打开学生的思路。虽然学生每天在课堂里学习，但是我们不能把他们的思想局限在这个小小的天地里，而是要打开他们的思路，让他们展开智慧的翅膀在广阔的天宇翱翔。一次，我教补充教材《指南针》时，要让学生知道指南针的作用，但我并没有直接问学生“指南针有什么作用?”这样问，学生只需回答“指南针能指明方向”，一句话就完了。而是问学生：“你们知道什么人，在哪儿用得到指南针?”这一问，使学生从天空想到大海，从海面想到海底，从高山想到古老的原始森林，从飞行员说到潜水员，从勘探队员说到旅行家、考古工作者，从登山运动员说到伐木工人……学生的思路一打开，语言就随之丰富起来了。

其次要着力培养学生提出问题、解决问题的能力。爱因斯坦关于相对论的三篇论文轰动了全世界，他就是正确地提出了别人没有提出的问题，所以爱因斯坦说："对真理的追求比对真理的占有更重要。"可以说，一个人的智慧就是体现在不断地发现矛盾和解决矛盾之中，并在其中得到发展。所以在教学中，我总是启发学生自己提出问题，自己解决问题。学生提出的问题往往简单有趣，这说明他们的思维还处于低级状态；学生提出的问题扯远了，就说明他们的思路没有条理。要引导学生想到关键处，问在点子上。让学生学会正确地提出问题，是促使学生思维力具有条理性、深刻性的一个重要环节。针对低年级学生善于模仿、适宜鼓励的特点，我极力避免讲大道理或指责，而采取了三种做法：一是示范，二是鼓励，三是评议。经过一段时间的引导，班上学生一般说来都能围绕教材的重点提出问题，问题也比较集中。但总不免有一些离题的，这往往是因为儿童的好奇心。好奇心促使学生发现问题、提出问题，因而不宜轻易否定这些提问。例如，教学《鱼和潜水艇》时有学生提出："如果潜水艇在海底遇到鲨鱼怎么办?"学生因为好奇，对这个问题特别感兴趣。我意识到无视或挫伤学生的好奇心，无异于扑灭学生智慧的火花。同时，我又考虑到这篇课文是让学生接触一些仿生学，从而唤起学生的想象，促使他们将来也能有所发现、有所创造。因此，我放手让他们大胆地设想，我觉得这对学生创造性想象力的发展是很有意义的。学生议论开来了。有的说："我有个办法，在潜水艇的后面装个镜子一样的东西，船舱里装个电视屏，如果鲨鱼来了，潜水员坐在里面就能发现，迅速躲开。"有的说："我有个好办法，潜水艇里装个东西，可以像乌贼那样喷出黑水，鲨鱼就看不见了。"但是马上遭到另一个同学的反对："我不同意。你这样做，会污染海水的。"学生提问似乎有些偏离了课文，但是结合这篇具体课文的教学要求，做一些讨论，还是有益的。说不定这次讨论就在某些孩子的心灵里播下了一颗运用仿生学进行发明和创造的种子。其实，他们想出的像乌贼那样喷黑水的办法，不正是有一点仿生学的意味吗？学生提出问题后，我总是有意识地引导他们自己去解决。创造性人才应该是能自己提出问题，自己解答的。爱因斯坦的相对论，不仅正确地提出了问题，而且自己做出了很好的回答。教师的教学工作应立足于学生的明天，从明天的高度考虑今天教学的具体办法。事实上，学生智力的潜在力量是很大的，引导他们自己解决问题是可能的。

最后要启发学生的兴趣，促使他们能动地发展。启发学生思考的最终目的，是达到不待老师启发，学生自己就主动地多思、多想，这是学生智力和语言发展的一个相当重要的心理动因。具备了这一条，学生便可以能动地发展。因此，我尽量把课上得“好懂、有趣，有一定难度”。进行识字教学，我总是让学生自己动脑筋想办法，识记字形，逐渐地使他们掌握汉字的规律。有时，我还自己编写儿歌，让学生在具体的语言环境里识记字形，体会字义，从而巩固识字的过程。复述朗读，我也尽量安排得生动些，让形式新颖、多样些。有时我故意设置障碍，引而不发。在教《数星星的孩子》时，我让学生听了一篇 100 多字的极其优美的短文。那篇文章从天上的银河，写到银河两岸的牛郎星和织女星之间的距离，讲到银河系之大，整个宇宙之大，以帮助学生初步建立宏观世界的概念。听完之后，我说：“张衡听了爷爷的话，晚上是怎么也睡不好，几次起来看星星；你们听了李老师读的文章，怎么想呢?”我并没有要他们回答，只是像在一个平静的池塘里扔下一块石头，溅起涟涟的波纹，接着我以发展学生想象为目的，让学生欣赏和学习了郭沫若的《天上的街市》这首优美的诗歌。第二天便有一个学生告诉我，“老师，昨天晚上月亮比较亮，我只数了 356 颗星星”。班上许多学生在星月之下，翘首仰望，观察着神秘的星星和月亮，此时他们的心不也随之而飞往太空了吗？因为语文课已不再局限于一本薄薄的语文书了，而为他们展现了一个广阔的天地，所以学生爱上语文课，爱上大自然，爱上科学，爱上读书。我教了他们 40 首古诗，全班 56 人就有 53 人又主动自学了其他古诗，最多的自学了 37 首。单这一学期他们就阅读课外书籍 1 045 本，平均每人读了 17 本。我教新课文，他们主动找参考书，找实物标本，什么蒲公英啦，松果啦，珊瑚啦，小蝌蚪啦……学生成了学习的主人。课堂上，他们主动地分析课文的层次结构，点出中心，还想出办法把作文写好。思想活跃了，语言就丰富了。一次命题作文《精彩的马戏》，我和他们讨论了“去、看、想”三个一般写记叙文的提纲。当时有学生提出：“老师，我能不能不照你的提纲写?”小学二年级的学生写作文时，敢于想出和老师不同的思路，是十分可贵的，这正是他们思维的创造性的体现。我连忙说：“当然可以。你准备怎么写?”那学生说：“我想从李老师教我们学《精彩的马戏》这篇课文时，回想起看精彩的马戏的情景写起。”我表扬了他，大家的积极性都调动起来了。仅开头的方法就有十来种：“每当我看到人民公园的猴子时，就想到那次看到的精彩的马戏。”“前年的一天，李老师带我们去看精彩的马戏。虽然已经过了一年，但是它给我的印象还是很深刻的。”“一天，李老师有声有色地讲了课文《精彩的马戏》，大家听得津津有味，一双双眼睛注视着老师，因为老师把我们带进了马戏场。”这是通过联想、回忆来写的，有的则直接从看马戏开始写起。“哈哈哈！灯光球场里一片笑声。”“快来看呀，多精彩！小猴挑着小水桶出场了。”学生思维力的发展，必然促使其智力等其他方面的发展；又因为思维是凭借语言进行的，因此，学生的语言能力同时也得到了发展。

四、逐步训练，培养能力

儿童的语言能力和智力像其他能力一样，只有通过逐步训练，才能得到提高。叶圣陶先生指出：“学生须能读书，须能作文，故特设语文课训练之。”显然，语文课就是要讲究训练。

1. 从模仿开始

低年级学生模仿能力强，训练须紧密结合范文进行。朗读、背诵和接近原文的复述，是经常性的训练。我注意培养学生良好的朗读习惯，通过朗读，帮助学生理解和记忆课文中的常用词语、句式和叙述顺序。我的做法是：初读课文要真读，理解课文要有节奏地读，重点部分要反复读，推敲词语要比较读，体会感情要有表情地读。努力培养学生的阅读能力，并把指导朗读和发展学生的想象结合起来，让学生通过自己的“视象”，体会意境和语感。他们越读就越理解，越理解就越爱读。多读以后，课文里的规范语言就会逐渐成为学生语言的一部分，作者的思路也进一步为学生所了解。所以我训练的主要办法概括起来就是：熟读精思范文，并把语言训练贯穿其中。要想能做生动的表述，首先必须有明确的词汇。因此，用词造句是学生学习规范语言的起点。我注意引导学生在运用中、在自己的语言实践中，加深对词的理解。学生刚开始学习《学词学句》时，我就根据范文提供的词语和句式，让学生模仿，进行“说一句话”的训练。例如教学“轻轻地”一词，我让学生仿照教材中“风轻轻地吹着”，进行“______轻轻地______”句式的训练。我启发学生从物说到人，从天上说到地下，从有声的说到无声的，学生说，“春姑娘轻轻地飞来了”，“燕子轻轻地唱着歌”，“云儿轻轻地飘着”，“麦苗儿轻轻地点着头”，“柳枝轻轻地飘荡着”……经过这样的模仿运用后，学生对“轻轻地”一词表达的状态和意境，对简单句的结构，都有了进一步的认识，而更主要的是学生在运用词语的过程中，思路打开了，思维力也随之得到了发展。

2. 增加创造性成分

训练，不仅是为了巩固知识，更是为了培养能力、发展智力。而过多的模仿在某种程度上会抑制学生的创造性，影响能力的提高和智力的发展。低年级学生的思维蕴藏着极大的创造性，我们应及早进行开发，使之得到充分的发展。因此，在训练中，必须有意识地增加创造性成分。例如，在利用二年级下册的补充教材《我在月球上》训练学生复述课文时，我不是让学生照本宣科，而是通过让学生假设自己坐着宇宙飞船来到月球上，用要向地面报告月球上的情景的方式进行复述。这种练习，正符合儿童的心理。他们兴致勃勃地说着："我是阿波罗 1 号""我是东方 1 号""今天我在月球上登陆，这里变成了一个黑黝黝的、寂静而荒凉的世界，没有水，没有空气，更没有人，只有一座座的环形山。在月球上，我还发现了另一个更大的月亮，请你们研究一下，这是什么现象，请跟我联系。"学生展开了丰富的想象，仿佛变成了一个航天员，已经降落在月球上，其思维的创造性得到了很好的发展。

在语文教学中，对创造性成分最大的训练要数写作文了。写作文要求学生运用自己的语言，表达自己的所见所闻、所思所想。它是对学生认识能力和语言文字的综合训练。可以说，写作文是把语言和智力发展结合起来训练的极好手段。我引导学生把进行观察和获取题材结合起来，把启发学生进行想象和训练形象化语言结合起来，把安排合理的观察顺序、编写作文提纲、进行篇章训练和促使学生思维条理化结合起来。但正因为作文创造性成分大，所以难度就大些，加之一年级学生识字少，写字速度慢，所以过早地进行书面作文是不适宜的。我遵循"说"是"写"的先导，从"说"到"写"的规律，首先抓口语训练。引导学生进行口头作文，不仅能训练学生口头表达的能力，而且能通过口头语言，训练学生的书面语言。我要求学生说的每一句话都是通顺的、完整的，全篇是清楚的、有条理的。如果写下来，就应该是一篇文通字顺的短文。我认为，所谓"出口成章"，只要从小开始，经过逐步训练是可以做到的。而且学生思维的创造性在此过程中也得到了发展。学龄初期的儿童已经进入世界，我把客观事物、思维、语言三者紧密结合在一起，从观察入手，为学生提供口头作文的题材，即凭借情境教作文。我引导学生从观察事物的静态和动态、大自然的景象，到社会中人的活动，逐步增加难度，但又不让他们说得太长。开始是五六句一篇，十来句一篇，宁可短一些，也要一句一句地把话说通顺，把词句的基本功打扎实。在口头作文训练中，我还注意增加了应用性语言的训练，我想，将来他们无论从事什么领域的工作，在运用现代化科学技术的过程中，都常常须要报告实验经过和技术革新的情况。我让学生练习报告灭火实验的情况、豆子发芽的经过，描述立体式指南针的形状和功能等等，就是为了达到这个目的。有了"说"的基础，写就不困难了。班上的学生上作文课，都很自然地流露出兴奋和喜悦的神情，因为作文成了可以充分发挥他们聪明才智的一个舞台。于是，我顺势导引，进一步增加创造性成分，让他们做想象性作文。有一次，在学生观察完两只小鸭后，我让他们想象小鸭离开了教室后将去哪儿，将有什么遭遇，然后作文，题目自拟。学生开心极了，有的说："我用拟人方法写，把它写成童话。"有的说："我分小标题写。"有的说："我的题目是《小鸭子的奇遇》。"有的说："我的题目是《可怜的小鸭子》。"有的写小鸭子怎么战胜黄鼠狼，有的写小鸭子怎么学本领，有的写小鸭子怎么参观"圆的世界"，有的写小鸭子怎么帮助同伴……字里行间闪耀着孩子们智慧的火花。

3. 注意培养独立性

语文教学的最终目的，正如叶圣陶先生说的那样："自能读书，不待老师讲；自能作文，不待老师改。"而小学生作文，除考试外，几乎每篇都由老师进行详细的指导后才动笔。我常听初一的学生说：中学里老师指导得少，作文好像写不起来了。这种反映，给了我一个启示：小学老师不能搀得太多，要注意培养学生的独立性。于是我便在学生大量的"说一句话"训练后，放手让学生每天"写一句话"，题材自选，使他们从写一句话起，就逐渐学会独立选材、组织语言。现以1980年6月5日《人民日报》刊登的《小红花》——我班作者许焰写的"一句话"为例：

2月24日

我们要努力学文化。

2月25日

我有一只皮球。

2月26日

我们要写好每一个字。

2月28日

我最爱我的小书包。

10天后（3月4日），许焰写的“一句话”从内容到句式都有了比较明显的进步：

我家小弟真调皮，坐在窝里倒站了起来。

妈妈说：“你应该和弟弟玩。”

不到1个月（4月1日），“一句话”很自然地成了“一段话”：

我家小弟弟他最喜欢下雨天了，为什么呢？他听雨滴答滴答地下着。他又见我们打着雨伞跑来跑去。他对这一切，都感到很新鲜。

二年级下学期学生每天写一篇短小的观察日记。观察到什么就写什么，他们感到很自在。当然，“放手”并不是撒手不管，还得从旁看“护”，加以引导。引导的方法极其简单，即每日读八九篇写得好的或者有了进步的学生的习作，就这么写写、读读，再写写、再读读，使他们有所领会。指导学生写作文时，要做到有时详尽些，有时简略些。若有题材特别好写的，则干脆不指导，放一放手，以培养他们思维的独立性和创造性。1980年我出差一星期，学生都急切地盼着我回来给他们上语文课，我一回来，他们非常高兴，我回来的场面是他们亲眼看到的。于是，我让他们做独立作文《李老师回来了》，大多写得很好，如胡渠这样写道：

李老师回来了（独立写话）

李老师上南京开会了。我们盼着她早日回来。等呀，盼呀，还不回来。我心里真着急。

今天，李老师终于回来了。我连忙告诉李侠说：“李老师回来了！”我和李侠手挽着手连蹦带跳地跑到办公室门口说：“李老师您好！”李老师微笑着对我们说：“小朋友，你们好！”

“丁铃铃”上课了，我们赶快走进教室，李老师也笑容满面地走进教室。一双双眼睛望着李老师，李老师满意地笑了。

这样从模仿开始，在训练中不断增加创造性的成分，培养学生的独立性，学生从说到写，从说到作，从说一句话、写一句话到写一段话，再到作一篇文，逐步得到训练，学生的语言能力也得到较快提高。二年级开始写命题作文时，学生仅能写100到150字，经过不到一年的训练，全班56人能写500字以上的11人，400字以上的24人，300字以上的17人，200字左右的4人。新华社记者来采访，进行了一次作文测验。一个8岁半的男孩在35分钟内写出了300字的通顺短文。《人民日报》刊登的我班学生王肖乐写的《小鸡》一文，就是在这次测验中未写草稿当堂完成的。

当时，这些初步的探索归结到一点，就是着眼儿童的发展，根据低年级儿童的特点，寻找迅速提高语文教学效率的途径。我的初步体会：在教学中把训练语言和发展智力两大任务结合起来，可收到较好的效果。

1980年的夏天，在大连举行的全国小学语文教学研究会成立大会上，大会秘书处通知我：因为斯霞老师身体不适，未能到会，就由我作为江苏代表在大会宣读论文。毕竟有过第一次的经历了，这第二次大会发言，我显得从容多了。论文的宣读，同样受到来自全国小学语文界的专家和许多同行的称赞，也引起了全国小学语文界对我和情境教学的关注。《中学语文教学杂志》还破例刊登了我这个小学老师的文章。在那次会上，我当选为全国小学语文教学研究会的常务理事。

到会的《光明日报》记者王劲松女士对我在大会上的发言很感兴趣，决定采访我。但是时间很紧，而且一个房间里住十来个人，也根本没有多余的空间进行采访。后来大会安排我们到海边老虎滩游览，劲松女士见缝插针，她一上车就坐到我身边，热情地对我说："李老师，我们就坐在车上聊聊吧!"这一下子就让我感觉到她是个热心人，快人快语，挺豪爽的。所以，我高兴地接受了她的采访。车上坐满了人，我不便大声说话，但小声又听不清，只有靠得很近地对话，彼此间觉得挺亲近。劲松女士一边问我，一边记录。我是第一次去大连，第一次看到大海，我禁不住蓝色大海的诱惑，不时瞟上一眼。但是劲松女士却心无旁骛，专心采访。那种热情实在令我感动。到了老虎滩，我们并肩坐在海滩上，继续刚才的谈话，颇有一见如故之感。眼前是无边的大海，海风阵阵扑面而来，在海浪轻轻地涤荡下，一切压力和束缚全都抛却脑后。

我回到江苏不久，由劲松女士写的报道——《李吉林和情境教学法》在《光明日报》上发表。这是报刊第一次在如此醒目的位置介绍"情境教学法"。

李吉林和情境教学法

她通过再现教材的情景，带学生观察生活的真实情况，培养学生的思维能力等多种办法，有效地训练学生口语和文字的表达能力，较快地把学生带入智力“最近发展区”

本报记者 王劲松

教改园地里的播种者

一位新闻记者在江苏南通师范二附小二年一班，出了一个《小鸡》的作文题，当堂考学生。一个九岁的孩子用三十五分钟，完成了一篇小作文。《人民日报》刊登了这篇小作文：

傍晚，妈妈买来五只小鸡，我和姐姐乐坏了。这五只小鸡象毛茸茸的球。我和姐姐连忙给小鸡搭了个窝，让小鸡住进新居。

睡觉前，我又来看小鸡，它们挤成一团，不肯进去。可能因为窝里太黑了吧！我看见了，就安慰它们进窝去。

第二天早晨，天才朦朦亮，我被一阵雨声惊醒了。我赶快穿上鞋子，披上衣服，去看小鸡。我跑到鸡窝前，吃了一惊，那五只可怜的小鸡，躺在鸡窝旁边，我伤心极了。这时候，姐姐来了，她摸了摸小鸡说：“小鸡身上还有点暖气，赶快抢救！”姐姐拿来了热水袋，我拿来一块旧棉絮，垫在地上。我和姐姐不安地守在旁边……。

过了一阵，一只小鸡伸伸小腿，眨眨眼睛。啊，小鸡活了！我和姐姐高兴地跳起来。又过了一阵，五只小鸡都活了！

几个月过去了，我家的小鸡长大了，长高了。邻居都夸我家的鸡长得肥，长得壮。小朋友，你们可知道，我家的鸡为什么长得这么壮呢？

很多人称赞：“写得好！”一个小学生能写出这样作文，奥妙在什么地方呢？那就需要说说他们的语特级教师李吉林了。

李吉林今年四十二岁，一九五六年毕业于南通女。任教以来，她多次被评为先进工作者，现在是江省的劳动模范，全国“三八”红旗手。她努力改革学的劲头一直很大。

“小学低年级以识字教学为重点”，这已成了传教学要求。李吉林却有自己的看法。她认为，学生不识字，就无法阅读和写作，因此，识字教学是低年级语文教学的重点之一，但这不应该是唯一的重点。如果只强调识字，而忽视能力的训练和培养，结果会抑制学生智力的发展。小学一、二年级的学生，年龄六至九岁，正是儿童的语言由简单句向连贯性语言过渡、口头语言向书面语言过渡的重要发展时期。在这样的时期，如果只以识字为教学的主要内容，这对学生语言和智力的发展，不能不是一种损失。

李吉林认识到了这一点，就在进行识字教学的同时，注意训练学生的语言和发展学生的智力。一年级第一学期，她通过教学生学习拼音、识字、阅读，对学生进行大量的“说一句完整的话”的训练。三个月后，开始训练学生口头作文。第二学期就进行每天“写一句话”的训练，并逐步加大难度。二年级第一学期每周写两段话，进行书面短文练习，并开始命题作文。二年级第二学期让学生写观察日记。在教课文时，以理解、运用为主，适当进行篇章和修辞的训练。就这样，较快地把学生带人智力的“最近发展区”。

这样做的结果怎么样呢？两年来，李吉林所教的学生，据不完全统计，平均识字二千六百四十八个，除学了统编教材的课文外，还多学了八十五篇课文。

要想让学生的语文学习能提高起点，李吉林认为，必须给孩子们创造必要的条件。这个条件是什么呢？李吉林认为生活是人类语言的源泉，有生活才有语言。那么，为什么不可以根据教材和作文题材创设情境，为学生提供具体生动的语言环境呢！这样做儿童是乐于接受的。李吉林决心试一试。

在进行情境教学的试验中，李吉林创造性地采用了许多方法。通过图画、摄影、音乐和文学语言的描写，再现教材的情境，就是其中的一种手段。《小白花》这篇课文，是描绘一九七六年四月初首都人民在天安门广场悼念周总理的情境。怎样使学生有所感受呢？李吉林先出示了一张放大的当时拍摄的照片，给学生以强烈的真实感。随后，又放了录音，让学生边听边看，使学生对课文中描写的整个天安门广场的情境有感性的认识。接着，又选取了以悼念周总理为主题的小提琴协奏曲中的几个乐章，再现面对纪念碑向周总理默哀的情景。随着李吉林朗读课文的声音，孩子们自然而然地进入了课文中描写的那个情境，此时，课文中的语言成了师生们的共同的心声。读完课文，李吉林要学生用“天安门广场”说一句话，描绘当时的情境。学生们的想象十分丰富：“天安门广场上静静的”、“天安门广场上国旗低低地垂着，松树挺立着，金水桥下的河水呜呜地哭起来了”……

结合教材或作文，把学生直接带入生活的真实情境中去，更是李吉林经常采用的方法。春天来了，她带学生到公园的花丛、草坪、树下、水边去找春天。秋天到了，庄稼成熟了，她带领学生去观察田野的丰收景象。初冬时节，她又带学生到野外去认识初冬的特征。通过观察大自然，使学生获得丰富的感知材料，为训练学生语言和文字表达能力提供基本条件。

为了培养学生的思维能力，李吉林在教学中，总是想方设法采取多种多样的方式，给学生创造动脑筋的机会。例如她在教补充教材《指南针》一课时，不是简单地问：“指南针有什么作用？”这样学生只需回答：“指南针能指明方向”一句话就完了。她问学生：“你们知道什么人，在哪儿用指南针？”这一问打开了学生想象的闸门。他们从天空想象到大海，从高山想到古老的原始森林，从飞行员说到潜水员，从勘探队员说到旅行家等等，思路开阔了，语言也就慢慢丰富起来了。

李吉林十分尊重、鼓励学生的独立性和创造精神。有一次，命题作文，题目是《精彩的马戏》。李吉林和学生们讨论了写该文的提纲，刚讨论完，就有一个学生提出：“老师，我能不能不照你的提纲写？”李吉林非常欣喜地问：“你准备怎么写？”这个学生讲了自己的构思后，李吉林当众表扬了他。

经过多次试验，李吉林对如何搞好情境教学体会较深了。她感到采用这种方法，从形式上要注意新异性。呆板的、常见的、多次重复的东西，往往不能吸引学生的注意力，大脑皮层兴奋不起来，而抑制状态是不利于学生智力发展的。当刺激物具备了新异、变化的特点时，就很容易成为学生无意注意的对象。因此，所设置的情境，形式上一定要新异，从而激发学生观察情境，描绘情境的热情。

李吉林采用“情境教学法”，使学生提早起步，会不会加重学生负担呢？这个问题有些人担心，李吉林也曾想过。她从心理学上找到了这样的答案：人们在观察、感受时，管形象思维的大脑的右半部兴奋；观察后，用语言表达情境时，管抽象思维的大脑的左半部兴奋。在情境教学中，学生一会儿观察、感受，一会儿思维、表达，这样大脑的两半球交替兴奋、抑制，就可充分挖掘大脑潜在的力量，使学生在轻松愉快的气氛之中学习语言，而不致感到疲劳。

1980年9月《光明日报》报道《李吉林和情境教学法》

第三章
上海专家来访
——感悟儿童发展的理念

1980年的春天。一天上午，教育局领导到学校来了，郑重其事地告诉我们：上海要来一个教育参观团，他们指名要听李老师的课。我和校长毫无思想准备，况且又是从大上海来的，我更是感到压力大。团里的组成人员很不一般，有首批特级教师，包括我们慕名已久的袁瑢老师、倪谷音老师、顾家璋老师；有华东师大附小陈先墀校长；有我们意想不到的高校的教授们，尤其是在《光明日报》发表《发展儿童智力》文章的“三女将”，她们是恽昭世老师、柴崇英老师、谢淑贞老师；还有华东师大的卢寄萍老师、吴玉如老师，以及虹口区教育学院的老师，上海教育出版社的总编。一共来了二十几位。上海教育界一下子来了这么多知名的特级教师、专家、教授，这对于我们小小的南通，对于我们这样一所小学，真是破天荒的，我们都掂出了其中的分量！

根据上海来通的日程，名师团在学校参观3天，大家讨论的结果是要我把小学语文教学的三种课型开全：阅读课《小白花》展现教学全过程占3节课，口头作文《一瓶墨汁》占1节课，作文评讲《精彩的马戏》占1节课，一共5节课。

对我个人来说，连续开5节课也是第一次，而且又是阅读、作文和评讲三种不同的课型。语文课的课型都开全了，我担子虽重，但当时还是刚40出头的人，有的是精力；生得逢时，有的是劲头。一旦课上起来，我也忘掉了一切，真是全身心地投入其中，与孩子们对话，与他们同喜同悲。坐在后面听课的老师们也静静的，绝不在下面说悄悄话。课堂上充分显示了孩子们进入情境后的忘我和高涨的情绪，课堂常常进入一种沸腾状态。

5节课上完，领导、老师们都为我捏了一把汗，我自己也终于可以透一口气了。最后一天开座谈会。我热情地和特级教师、专家教授们握手，邀他们在会议室里落座，并非常诚恳地表示请他们多提意见。尤其是上海师大的三位女教授，我对她们更是仰慕，也倍感亲切。我就是读了她们的关于发展智力方面的文章得到的启发才写了第一篇论文，心里很感激。我觉得这种相遇，真是天从我愿，我感到特别高兴。对我的课，上海的名师十分肯定。他们从智力发展的角度进行评价，认为我创设的情境非常有利于培养学生的注意力、记忆力、观察力、思维力、想象力。因为这样的情境，让学生看到了一个很具体、形象的场景，引起了学生的注意。老师启发学生思考，又凭借情境引导学生展开想象。概括地说，情境教学对儿童智力发展的诸方面来讲是非常有效的。这就把我的实践提升到理论上去评价，我一下子明白了情境的创设和儿童智力品质发展之间具体的关系。

我明白了，不仅是明白了，而且是很感激！上海的名师真是送教上门啊！

座谈会后，华东师大的卢老师、吴老师亲切地对我说："我们在上海就是在搞实验，我们看你发的文章以为你们有一个课题组，所以来你这儿考察。想不到你还是单枪匹马。如果你在我们实验班，我们一定会合作得非常愉快。"我听了也挺动心的，只是离上海的专家们太远了，不过心却由此靠近了。

当天晚上我到他们住宿的饭店去看他们，便有一种一见如故的感觉。大家谈得很融洽，我也非常坦诚地告诉他们，我们根本没有课题组，我只是像一个拓荒者，用的是"镐头""镢头"，完全是"土法上马"，一切还刚刚起步，常常是凭着感觉走。说不上"实验"和"课题"。而从我个人意愿来讲，我还是想走出一条全面提高小学语文教学质量的路，并表示希望得到上海名师的指教。

上海教育出版社的一位张主任说："看到李老师的课，真是开眼界，课上得这么精彩，一下子开这么多类型的课，是不多见的，至少我没见过。"他们还一再讲到，我在课堂上有意激起儿童的想象，这是他们在书本上看的，而在课堂上还真是第一回看到。说着说着，时间就不早了，我告辞时他们都主动提出送我回家。大家沿着濠河，并肩走着。矗立在河边的文化宫带着闪烁的灯光倒映在河水中，晚风徐徐吹来，好不惬意。河边一对一对的恋人在漫步，在细语。我们也因为教育的情结，在第一次见面后就如此依恋。那时那刻我觉得自己真是沉浸在幸福当中，名师就在身边！

上海名师的到来，使我足足开心了好一阵，心里踏实了，前面的路也宽了。我又特地请上海的老师对我的课提出意见。心想听听意见总是有益无害的，因为大家都是赞美和肯定；但事实上，十全十美的课是没有的。

上海师大柴崇英老师作为一个心理学的教授，她敏锐地看出我的诚意。她说："你的这些课确实上得不错，但是你还要有意识地走到儿童思维发展的前面，既要去启发引导，又要顺着他们的思路去展开教学过程。"我一听，这可是课堂教学的高境界，我若有所悟。

我觉得这一意见非常可贵，对我的影响很大。儿童的发展在教师的心目中是至高无上的。无论是在课堂上显性的教师行为，还是内心隐性的情与理，都应该是两个字——"儿童"。不久，当我读到维果茨基所说的"教学应该走在儿童发展的前面"时，感觉是那样的亲切和富有内涵。在过去多少年的教学中，我们只考虑教师怎么教、学生怎么学，而没有有意识地思考学生怎么想，教师又应该怎么顺势去激励、引领，而这才是教学的科学和艺术的融合。我想这就是今天所说的："学生是学习的主体。"可以说，我因此比较早地领悟到这一点，并且在以后的课堂教学当中努力去体现这一点。

现在回想起来，上海名师的到来，我最大的收获就是能够比较早地接触学术界。因为南通地处江北，相对闭塞，加之我在小学，所以更难接触学术界，更不要说走进学术界了。后来我特地到上海去拜访恽老师、谢老师、卢老师、吴老师（柴老师一直没有机会见到），她们都非常热情地接待我。在和她们的交谈之中，我了解了关于教育教学新的信息和前沿的动态，这些对我这上下求索的人来说是多么难能可贵！这是关在小城小屋子里读书读不到的，那是最鲜活的思想和学术动态。而且通过恽老师我还认识了吴立岗老师，他是研究"作文素描"的，又是杜殿坤老师的学生，对情境教学很感兴趣。他主动表示"情境教学很有道理"。他的赞同当时就让我感到，情境教学又多了一个专家的支持。此后，立岗先生确实总是给我热情的关心和支持。那时去上海都是坐轮船。回南通时恽老师、卢老师或者吴老师会热情地送我去码头，在码头陪我候船，直至目送我走上舷梯。直到现在我还是很感谢他们，并且和他们保持着联系。

上海名师团走后的第二天，学校又迎来了两位客人。周琪校长让人通知我去，我到了之后，她热情地介绍说："这就是李吉林老师！"两位先生站起来，一一和我握手。矮个子的一位约莫 40 岁，看上去就是一个爽快人，他首先自我介绍说："我们是新华社的记者，我叫韦顺。"另一位年轻些，个子也高些，稍显腼腆，他说："我是殷学成。"

韦顺记者直截了当地说："我们是慕名而来。"

我很奇怪，脱口说："慕名？"

"是的。我们住在有斐饭店，好几次看到上海的一群老师。他们说是来南通听课。我们感到很奇怪，上海是大都市，教育教学水平是很先进的，怎么反而跑到隔江的南通来听课？所以我们就追问听谁的课，他们说听李吉林的课。"

殷学成记者在一旁插话："我们说，江苏不是斯霞名气最大吗？"

韦顺兴致勃勃地接着说："我们当时就问，李吉林的名字我们还没听说过，她的课上得怎么样？他们一致说你上得很不错。我们就是怀着一种猎奇的心理，来登门采访。"

韦记者笑容满面，越说嗓门越高。他讲话挺能渲染气氛，小小的校长室荡漾起一阵阵笑声。

我坐在一旁也不知道说什么好，只是说："我应该向斯霞老师学习，我还刚刚起步。"

韦记者对我说："刚才你们周校长介绍了，你教的二年级学生的作文比三年级的学生写得都好。我们当然相信你们校长的话一定是实事求是的。不过从记者的职业习惯讲，耳听为虚，眼见为实。我们商量了一下，准备明天请你们班的学生和三年级的学生一起进行一次作文考试，用事实来说话。"

周校长连忙表态："行啊，就在明天下午两节课以后吧！"

我心里一怔。新华社记者来采访，怎么要考试？我一点儿心理准备都没有。但是他们言之有理，我也只好听便了。

第二天下午，两位记者来到学校。快要考了，考什么题目，我一无所知，心里难免有些紧张。

韦记者凭着记者的敏感和亲和力，和蔼地对我说："李老师不必紧张，让学生试一试。我相信你们的学生一定不会考砸的！"

学校安排了我们班的学生和三年级学生坐在一个大考场里，由记者出题、监考，我只是站在一旁看着。

韦记者在黑板上写了"小鸡"两个字。不用说，这就是考题。

教室里静悄悄的，孩子们稍做思考，便埋头写起来。过了 35 分钟，我看见我班上一个叫曹阳的小男孩儿第一个站起来，把写的作文交给了记者。殷记者看了以后，向我会意地一笑，并伸出大拇指。他这大拇指一伸，我随之透了一口气。记者通过测试、比较，确认我们班上学生的作文的确比三年级的学生写得好。

紧接着便开始对我进行采访。

坐在校长室，他们都不抽烟，我们也无水果接待，就是一杯清茶。我们在一种亲和、纯净的气氛中开始了对话。他们要我谈谈自己的情况，说说改革的故事。

他们的坦诚打消了我的顾虑，我开诚布公地把自己的经历，怎么想到改革、怎么探索的情况讲了。他们特别关心地问我有什么难处，以及学校老师和社会的反应。现在想起来，他们是颇有些预见的。他们估计到在那个特定的年代率先搞改革，遇到困难甚至遭到非议是必然的。随后，他们又看了一些资料和学生的作文本。

三四天后他们离通回京，我没有送他们。那时也没请吃饭的风气，一切都是为了工作，干净利落。

这次采访给我的感觉就是两位记者的观察力十分敏锐、思想十分超前，对教学第一线的改革者非常支持。最后，他们还说："有什么困难可以和我们联系。"与他们的交谈，让我看到了外面更广阔的世界，看到了改革的前景，我心里暖融融的。

时隔不久，两位记者写信给我，要我寄去 5 篇学生的作文。我遵嘱如数寄上。真没想到，《人民日报》（《大地》副刊）1980 年 6 月 5 日很快发表了我们学生的 3 篇作文，并加了编者按。大报纸如此隆重地推出小学生作文，可能还是第一次。

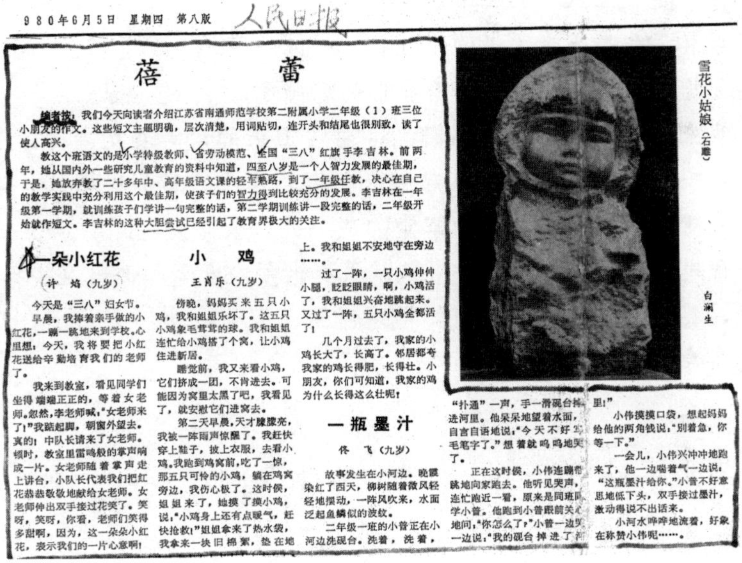

980年6月5日　星期四　第八版　人民日报

蓓　蕾

编者按：我们今天向读者介绍江苏省南通师范学校第二附属小学二年级（1）班三位小朋友的作文。这些短文主题明确，层次清楚，用词贴切，连开头和结尾也很别致，读了使人高兴。

教这个班语文的是小学特级教师、省劳动模范、全国"三八"红旗手李吉林。前两年，她从国内外一些研究儿童教育的资料中知道，四至八岁是一个人智力发展的最佳期，于是，她放弃教了二十多年中、高年级语文课的轻车熟路，到了一年级任教，决心在自己的教学实践中充分利用这个最佳期，使孩子们的智力得到比较充分的发展。李吉林在一年级第一学期，就训练孩子们学讲一句完整的话，第二学期训练讲一段完整的话，二年级开始就作短文。李吉林的这种大胆尝试已经引起了教育界极大的关注。

一朵小红花

许　焰（九岁）

今天是"三八"妇女节。

早晨，我捧着亲手做的小红花，一蹦一跳地来到学校。心里想：今天，我将要把小红花送给辛勤培育我们的老师了。

我来到教室，看见同学们坐得端端正正的，等着女老师。忽然，李老师喊："女老师来了！"我踮起脚，朝窗外望去。真的！中队长请来了女老师。顿时，教室里雷鸣般的掌声响成一片。女老师随着掌声走上讲台，小队长代表我们把红花恭恭敬敬地献给女老师。女老师伸出双手接过花笑了。笑呀，笑呀，你看，老师们笑得多甜啊，因为，这一朵朵小红花，表示我们的一片心意啊！

小　鸡

王肖乐（九岁）

傍晚，妈妈买来五只小鸡，我和姐姐乐坏了。这五只小鸡象毛茸茸的球。我和姐姐连忙给小鸡搭了个窝，让小鸡住进新居。

睡觉前，我又来看小鸡，它们挤成一团，不肯进去。可能因为窝里太黑了吧，我看见了，就安慰它们进窝去。

第二天早晨，天才朦朦亮，我被一阵雨声惊醒了。我赶快穿上鞋子，披上衣服，去看小鸡。我跑到鸡窝前，吃了一惊，那五只可怜的小鸡，躺在鸡窝旁边，我伤心极了。这时候，姐姐来了，她摸了摸小鸡，说："小鸡身上还有点暖气，赶快抢救！"姐姐拿来了热水袋，我拿来一块旧棉絮，垫在地上。我和姐姐不安地守在旁边……。

过了一阵，一只小鸡伸伸小腿，眨眨眼睛，啊，小鸡活了，我和姐姐兴奋地跳起来。又过了一阵，五只小鸡全都活了！

几个月过去了，我家的小鸡长大了，长高了。邻居都夸我家的鸡长得肥，长得壮。小朋友，你们可知道，我家的鸡为什么长得这么壮呢？

一瓶墨汁

佟　飞（九岁）

故事发生在小河边。晚霞染红了西天，柳树随着微风轻轻地摆动，一阵风吹来，水面泛起鱼鳞似的波纹。

二年级一班的小曾正在小河边洗砚台。洗着，洗着，"扑通"一声，手一滑砚台掉进河里。他呆呆地望着水面，自言自语地说："今天不好写毛笔字了。"想着就呜呜地哭了。

正在这时候，小伟连蹦带跳地向家跑去。他听见哭声，连忙跑近一看，原来是同班同学小曾。他跑到小曾跟前关心地问："你怎么了？"小曾一边哭一边说："我的砚台掉进了河里！"

小伟摸摸口袋，想起妈妈给他的两角钱说："别着急，你等一下。"

一会儿，小伟兴冲冲地跑来了，他一边喘着气一边说："这瓶墨汁给你。"小曾不好意思地低下头，双手接过墨汁，激动得说不出话来。

小河水哗哗地流着，好象在称赞小伟呢……。

雪花小姑娘（石雕）

白澜生

《人民日报》1980 年 6 月 5 日刊登李吉林班上三个孩子的作文

蓓　蕾*

编者按：我们今天向读者介绍江苏省南通师范学校第二附属小学二年级（1）班三位小朋友的作文。这些短文主题明确，层次清楚，用词贴切，连开头和结尾也很别致，读了使人高兴。

教这个班语文的是小学特级教师、省劳动模范、全国"三八红旗手"李吉林。前两年，她从国内外一些研究儿童教育的资料中知道，4～8 岁是

* 根据现行出版规范，编辑对以下部分文字做了修改与完善。

一个人智力发展的最佳期，于是，她放弃教了20多年中高年级语文课的轻车熟路，到了一年级任教，决心在自己的教学实践中充分利用这个最佳期，使孩子们的智力得到比较充分的发展。李吉林在一年级第一学期，就训练孩子们学讲一句完整的话，第二学期训练讲一段完整的话，二年级开始就写作短文。李吉林的这种大胆尝试已经引起了教育界极大的关注。

一朵小红花

许焰（九岁）

今天是“三八”妇女节。

早晨，我捧着亲手做的小红花，一蹦一跳地来到学校。心里想：今天，我将要把小红花送给辛勤培育我们的老师了。

我来到教室，看见同学们坐得端端正正的，等着女老师。忽然，李老师喊：“女老师来了！”我踮起脚，朝窗外望去。真的！中队长请来了女老师。顿时，教室里雷鸣般的掌声响成一片。女老师随着掌声走上讲台，小队长代表我们把红花恭恭敬敬地献给女老师。女老师伸出双手接过花笑了。笑呀，笑呀，你看，老师们笑得多甜啊，因为，这一朵朵小红花，表示我们的一片心意啊！

小　鸡

王肖乐（九岁）

傍晚，妈妈买来五只小鸡，我和姐姐乐坏了。这五只小鸡像毛茸茸的球。我和姐姐连忙给小鸡搭了个窝，让小鸡住进新居。

睡觉前，我又来看小鸡，它们挤成一团，不肯进去。可能因为窝里太黑了吧，我看见了，就安慰它们进窝去。

第二天早晨，天才蒙蒙亮，我被一阵雨声惊醒了。我赶快穿上鞋子，披上衣服，去看小鸡。我跑到鸡窝前，吃了一惊，那五只可怜的小鸡，躺在鸡窝旁边，我伤心极了。这时候，姐姐来了，她摸了摸小鸡，说：“小鸡身上还有点暖气，赶快抢救！”姐姐拿来了热水袋，我拿来一块旧棉絮，垫在地上。我和姐姐不安地守在旁边……

过了一阵，一只小鸡伸伸小腿，眨眨眼睛，啊，小鸡活了，我和姐姐兴奋地跳起来。又过了一阵，五只小鸡全都活了！

几个月过去了，我家的小鸡长大了，长高了。邻居都夸我家的鸡长得肥，长得壮。小朋友，你们可知道，我家的鸡为什么长得这么壮呢？

一瓶墨汁

佟飞（九岁）

故事发生在小河边。晚霞染红了西天，柳树随着微风轻轻地摆动，一阵风吹来，水面泛起鱼鳞似的波纹。

二年级一班的小普正在小河边洗砚台。洗着，洗着，“扑通”一声，手一滑砚台掉进河里。他呆呆地望着水面，自言自语地说：“今天不好写毛笔字了。”想着就呜呜地哭了。

正在这时候，小伟连蹦带跳地向家跑去。他听见哭声，连忙跑近一看，原来是同班同学小普。他跑到小普跟前关心地问：“你怎么了？”小普一边哭一边说：“我的砚台掉进了河里！”

小伟摸摸口袋，想起妈妈给他的两角钱说：“别着急，你等一下。”

一会儿，小伟兴冲冲地跑来了，他一边喘着气一边说：“这瓶墨汁给你。”小普不好意思地低下头，双手接过墨汁，激动得说不出话来。

小河水哗哗地流着，好像在称赞小伟呢……

《人民日报》在学生作文上面加编者按，意味着对我们教改实验初步成果的肯定。这3篇作文发表以后，报社陆续收到很多读者的来信，两位记者让我回一封信给读者。我便写了《孩子的眼睛》一文作答。因为读着孩子的作文，我就会想到孩子的眼睛，作为他们的老师，我也要用孩子的眼睛去看世界，而且，我看到了一个光彩夺目的世界。下面是其中的几个小节：

儿童的眼睛是奇异的。世界在儿童的眼里犹如童话一般。孩子看山，好像山洼里会走出一个白胡子老爷爷，坐下来跟他讲故事。孩子看云，云儿在飘，好像大白马在草原上奔跑，咦，马儿跪下来，还等着他骑呢。孔雀开屏了，怕是和春姑娘比美。喇叭花闭合了，怕是吹了一天喇叭累了，想打个瞌睡呢……

在儿童的眼睛里，山啊，水啊，星星月亮啊，都是活的，会跑也会飞，会说也会唱。儿童的眼睛，就是喜欢瞧着这陌生世界。学校的大门怎能把儿童的眼睛和世界隔绝呢？假如孩子的老师，能用儿童的眼睛看世界，那该多好！周围的一切，会忽然变得新鲜有趣，永远像第一次看到。

我用儿童的眼睛看世界，啊，真的，那山那水也瞧着我，那花那树点头微笑，诱惑着我和孩子们投入她的怀抱。我带孩子们去了……春野的小草，夏夜的繁星，中秋的明月，隆冬的大雪，我们都看过；庭院的蕙兰，郊外的野花，也细细瞧过；蓝天的白鸽，地下的蚯蚓，都探究过……

我用儿童的眼睛看世界，啊，真的，那星星那月亮在向我眨眼，那虫那鸟像要和我说什么话。啊，我该让孩子们去和世界交朋友。（孩子的眼睛．人民日报，1981－01－17.）

这篇文章发表以后也引起了不小的反响。文章发表当天我就接到长途电话，称赞这篇文章写得好。其实，我并没有刻意地去做文章，只是写出了自己指导儿童作文时的真情实感。

其间，《人民日报》1980 年 10 月 11 日头版“实干家”专栏，发表了通讯《用心血催开智慧花朵的李吉林》。见报前，他们也没告诉我，还是学校的老师在喊：“李吉林上了《人民日报》，还是头版！”这在小小的南通，产生了一点震动。二附校园里，似乎也平添了几分喜气。

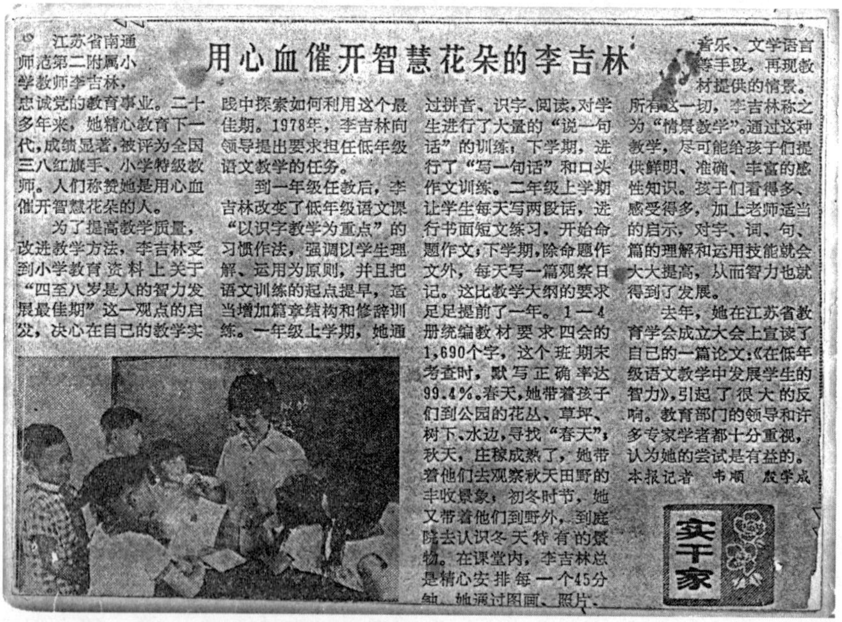

用心血催开智慧花朵的李吉林

江苏省南通师范第二附属小学教师李吉林，忠诚党的教育事业。二十多年来，她精心教育下一代，成绩显著，被评为全国三八红旗手、小学特级教师。人们称赞她是用心血催开智慧花朵的人。

为了提高教学质量，改进教学方法，李吉林受到小学教育资料上关于“四至八岁是人的智力发展最佳期”这一观点的启发，决心在自己的教学实践中探索如何利用这个最佳期。1978年，李吉林向领导提出要求担任低年级语文教学的任务。

到一年级任教后，李吉林改变了低年级语文课“以识字教学为重点”的习惯作法，强调以学生理解、运用为原则，并且把语文训练的起点提早，适当增加篇章结构和修辞训练。一年级上学期，她通过拼音、识字、阅读，对学生进行了大量的“说一句话”的训练；下学期，进行了“写一句话”和口头作文训练。二年级上学期让学生每天写两段话，进行书面短文练习，开始命题作文；下学期，除命题作文外，每天写一篇观察日记。这比教学大纲的要求足足提前了一年。1—4册统编教材要求四会的1,690个字，这个班期末考查时，默写正确率达99.4%。春天，她带着孩子们到公园的花丛、草坪、树下、水边，寻找“春天”；秋天，庄稼成熟了，她带着他们去观察秋天田野的丰收景象；初冬时节，她又带着他们到野外、到庭院去认识冬天特有的景物。在课堂内，李吉林总是精心安排每一个45分钟，她通过图画、照片、音乐、文学语言等手段，再现教材提供的情景。所有这一切，李吉林称之为“情景教学”。通过这种教学，尽可能给孩子们提供鲜明、准确、丰富的感性知识。孩子们看得多、感受得多，加上老师适当的启示，对字、词、句、篇的理解和运用技能就会大大提高，从而智力也就得到了发展。

去年，她在江苏省教育学会成立大会上宣读了自己的一篇论文：《在低年级语文教学中发展学生的智力》，引起了很大的反响。教育部门的领导和许多专家学者都十分重视，认为她的尝试是有益的。

本报记者 韦顺 殷学成

实干家

1980 年 10 月 11 日《人民日报》发表通讯《用心血催开智慧花朵的李吉林》

此后，新华社的两位记者一直和我保持着联系，他们都很关心我、支持我。在实验的道路上难免会遇到坎坷，他们都给我以支持和鼓励，每次到南通来，或者我到北京参加全国人大会议，他们也都来看我。

那年秋天，谢淑贞老师请我参加她主持的由全国教育工会教育实验小组在上海举办的学术活动，让我给上海老师做报告。那次做的报告题目就是当年刚写的《运用情境教学，培养儿童的审美能力》。那次报告在更大的学术范围内产生了影响，因为报告的内容是关于审美的问题，在当时颇具新意。在“文化大革命”时遭到批判的美学的研究者，在“文化大革命”之后似乎还心有余悸，所以那段时间关于审美的相关资料比较少，结合小学教育实际的美学研究成果更是闻所未闻。

更值得回忆的是，会议开幕前，我在休息厅里，第一次见到了霍懋征老师。那时的我只是一个无名小辈，只是怀着景仰的目光远远地看着霍老师和别人亲切地交谈。正在这时，有两位男老师从人群中向我走来。走在前面的一位中等身材，40 多岁，眼睛高度近视，穿着藏青的中山装，他走到我面前，非常温和地问：“您是李吉林老师吗?”

我惊喜地应答：“是的。请问二位老师是?”

“我是杜殿坤。”

“杜殿坤?!”这是我早已铭记于心的名字。我读的苏霍姆林斯基的《给教师的建议》，它的译者就是杜殿坤，真没想到在这儿认识杜老师，而且他主动地来找我，我欣喜地称呼：“您就是杜老师，太好了，认识您，我太高兴了!”说着我连忙和他握手。杜老师连忙介绍：“这位是胡克英先生，中央教科所教学论的专家。”一种喜从天降的感觉油然而生。

我连忙招呼：“胡老师，胡老师您好!”

胡克英老师和我热情地握手，我看到他的目光是那样的深邃，但又是那样的温和，那是智者的目光，到现在我都记得。二位老师把我引到他们的房间，和我热情地谈开了，他们非常热情地称赞我搞的试验。

杜老师微笑着说：“我看到你的文章很高兴，你应该形成自己的小学语文教学体系。”

“自己的体系?!”我简直不敢相信自己的耳朵，心里想：“我还能有自己的体系吗？能形成吗?”这是我想也不敢想的事。我只是想，自己的语文教学能让孩子学得生动活泼，学得非常有趣，质量高就很好了。自己也没想过要写文章、出书啊！但我有的是满腔的热情，有的是使不完的劲儿，就是想干，纯粹是一种使命感。胡克英老师似乎看出了我的惊讶和缺乏自信的心理，连忙接着说：“是的，我们看了你的文章，你的试验搞得很不错，有突破。你应该有自己的教学体系，以至理论体系。”

杜老师更明确地说：“它就是为了学生的一般发展。”

“就是为了学生的一般发展。”我在心里默默地重复着。这是我第一次听到如此清晰，而印象又如此深刻的一句话。

现在我很懊恼当时没有做笔录或用录音机把两位大师的话记下来，但他们给我的感觉就是：我遇到了恩师，他们给了我极大的鼓励，使我看到更加广阔的前景。

李吉林与杜殿坤教授（中）、吴立岗教授（左一）在一起

此后我每年都会到上海去，先去拜访恽昭世老师，接着就去拜访杜殿坤教授。因为他们都住在华东师大一邨。杜老师是华东师大比较教育研究所的研究员，在我的眼里，在我的心里，杜老师就是我的老师。我常常带着问题向他请教，他总是在办公室接待我。我走进华东师大校园，穿过水边的一排柳树，走进比较教育研究所。那时总是两手空空，不提什么礼物，更无咨询费。杜老师总是穿着朴素，我没见他穿过西装，戴过领带，但是度数很高的眼镜后面的那双眼睛，总是充满智慧而又温和的，让我敢于接近他。他见我来了，总是微笑着接待我，没有多少寒暄，很快进入主题。有时他索性解下手表就像给我上课一样。他总会关心地问我：“这一段做得怎么样?”然后我便扼要地谈一谈，说完听他的指导。开始我只是用心地听，凭脑子记，回到住所追记下来。后来和杜老师熟了，我索性就打开本子，把他讲的内容随时记录下来。杜老师真是诲人不倦啊！尽管我们萍水相逢，但是他对

来自第一线的老师给予如此热情的帮助，令我感激不已。他总是及时肯定我的研究方向，说我的研究方向是对的，符合教育规律。他的谈话总是非常强调儿童发展，儿童的“一般发展”，儿童的“特殊发展”。所以在那个时候，我逐渐形成了一个理念，那就是“一切为了儿童的发展”，我的情境教育的坐标也随之鲜明地确立起来了，并指导我将情境教学发展成为一种“发展性的教学”。我回顾第一轮实验班语文教学改革的过程，从儿童发展的形态和案例概括出促进儿童发展的五条基本原则，撰写了长篇论文《从整体出发，着眼儿童发展》，发表在《教育研究》1985 年第 1 期上。

从整体出发，着眼儿童发展

小学语文是一门综合性很强的学科，它对儿童的智能、情感、意志及个性品质的发展，影响极为深远。因此，进一步探索改革小学语文教学的途径，成为开创小学教育新局面的重要课题。

一、问题的提出

小学语文教学的根本任务是培养儿童理解和运用祖国语言文字的能力。儿童在学习祖国语言时，不仅可以掌握一定数量的词，而且可以领悟关于许多事物的概念和观点，感受蕴含在语言中的丰富的思想情感、艺术形象以至逻辑和哲理，从中汲取精神的力量和民族的气质。因此，通过小学语文教学促进儿童的发展，不仅是必要的，而且是可能的。

新中国成立以来，小学语文教学做了许多有益的改革，但由于传统习惯的羁绊，小学语文教学在实现其任务方面仍存在不少问题。正如吕叔湘先生指出的那样：“语言文字本来只是一种工具，日常生活少不了它，学习以及交流各科知识也少不了它。这样一个简单的事实，为什么很多教语文的人会认识不清呢？是因为传统的看法作梗。”事实正是如此，中国千百年来科举制度的影响，虽已日渐削弱，但在教育领域内仍然起着广泛的消极作用。“为考而教”“为考而学”的偏向，成为当代教育实现“三个面向”的障碍，并已殃及小学语文教学。支离破碎的分析讲解，没完没了的重复性抄写，各式名目繁多的习题，以及机械的背诵，充塞着儿童的生活。所有这一切都是一个七八岁或十来岁儿童所不能承受的，结果就会造成儿童身心紧张。尽管儿童疲于学习，但是阅读和写作的实际能力并不能令人满意。如此种种，造成了小学语文教学“烦琐、片面、低效”的弊端，压抑了儿童的发展，延误了儿童发展的最佳期，甚至扼杀了儿童的禀赋和才能。这与时代需要的把青少年一代培养成为具有社会主义精神风貌和创造才能的人的目标是相悖的，新的技术革命对教育提出了新的任务，这种状况绝不能再继续下去了，必须针对传统教学中的片面性，从整体出发，通过小学语文的教学使儿童获得尽可能大的发展效果。为此，笔者自 1978—1983 年，从小学语文教学全过程的实验工作出发，探索改革小学语文教学的途径。

二、教材的增选及编排体系

在“教”与“学”之间，教材是媒介，是实现教学任务的凭借，教材的篇目、分量及编排体系，都将直接影响教学质量，关系到儿童的发展。部编通用小学教材 1～10 册（旧 1978 年版），全套共计 375 篇，50 余万字，这一套教材从内容、形式到编排体系，均较新中国成立以来其他版本的小语教材更为广大师生所适用。但 20 世纪 80 年代儿童信息储存量在不断增加，教材分量还可相应增加，尤其是三类课文更可大幅度增加，这不仅能顺应儿童的发展趋势，而且可有效地把儿童带入“最近发展区”，使语文教学促进儿童的发展。因此实验班增加教材分量，先后增选 204 篇做补充教材，连同通用教材共计 579 篇，从根本上保证了教材使用的数量。所选增教材类型如表 3 - 1 所示：

表 3 - 1　　所选增教材类型

古诗文	名家名篇	儿童文学	自编	说明文	其他
103	18	42	18	8	15

各年级补充教材的原则为：一年级围绕所教生字编写韵文及有儿童情趣的短小故事，以提早阅读；二年级结合儿童的生活实际，编写短小写话范文，初步感知事物形象与语言文字的关系，为写话做好铺垫；三到五年级根据重新组合的单元，分类补充儿童优秀习作，逐步增加名家名篇及已学过的古代寓言原著，并适当补充说明文，以提高儿童的鉴赏能力，陶冶情操，并培养学生应用语言的实际能力。根据各册选编目的，初步形成从低年级为提早阅读而设置的辅助作文起步，到中高年级为提高鉴赏能力，突破“写”的难点的教材选编序列。值得一提的是，让儿童在记忆力旺盛的童年时期学习一定数量的古诗，引导儿童感受一点优秀文学遗产的精华，

体会和理解诗中的意境与哲理，这无论是对促进儿童语文的学习，还是对促进其情感、想象、记忆的发展，都是大有裨益的。

教材编排体系是教材的命脉，但长期以来，小语教材编排体系屡变不定，或以思想内容为单元，或以语文知识为单元，或取消单元随篇成册，致使语文教学或偏文或重道，随意性很大。从儿童读写实际看，无论是读的范文，还是写的习作，一般不外乎写人、记事、写景、状物四大类。实验班从三年级起，将通用教材按上述四种类型归类，以使类型相对集中，再重新组合单元，并按单元分别补充类似教材。教师紧密结合单元内容，安排观察、访问、劳动、制作等第二渠道的活动及相应的习作训练。比如通用小语教材第六册中，选编了《荷花》《喇叭花》《沙漠里的船》《松鼠》《赵州桥》《刘家峡的水电站》《人民大会堂》等状物类的课文，我便将其分成写植物、写动物、写建筑物三个单元，教学植物单元时，我补充教学《爱莲说》(片段)、《多美啊，野花》，课外观察蒲公英，作文课上写《我是一棵蒲公英》的状物记叙文以及《蒲公英》的简短说明文。由于单元选择的教材基本属同一范畴，所以教师不仅可以强化对学生的思想教育，而且可在习作上帮助学生触类旁通，充分发挥每篇范文的范例作用。这样编排单元，把读与写、文与道、课内与课外形成一个整体，以单元的形式集中教学、集中训练，有利于以读带写，以写促读，文道统一，促进学生和谐发展。

三、情境教学的探索与实践

教材分量增加后，教学方法的改革必须跟上，否则又将增添新的矛盾。传统的灌输式的教学，把学习变成连续不断的积累知识和训练记忆的过程。它所调动的和充分利用的儿童大脑功能只是与机械的、逻辑的、无情感的那一部分相联系的。这样必然会使儿童变得呆板、迟钝。显然，这与促进儿童的发展是格格不入的。由此看来，教学方法的改进是改革小学语文教学的重要环节。

随着对外开放和教育改革工作的深入，新的教学法层出不穷，这预示着小学语文教学百花齐放的灿烂前景。手段总是服从于目的，无论采用何种教学法，关键都是要有利于儿童在“学”的过程中构建自我发展的动力，为儿童发展创造最优的外部条件。

为从整体出发，促进儿童发展，近几年来，笔者对情境教学进行了初步的探索。首先从外语教学中运用情境进行句型、会话训练得到启示，后又从中国古代诗词的境界学说中吸取了更多的营养，早在1 000多年前我国文艺理论作品《文心雕龙》中就有了“情境”的论述。所谓“情以物迁，辞以情发。”到了清末，《人间词话》更有精辟的阐述：“境非独谓景物也。喜怒哀乐，亦人心中之一境界。”现代叶圣陶先生的“作者胸有境，入境始与亲”的名言进一步为大家所知晓。集诸家论述，根据“形”和“意”、“情”和“物”辩证统一的原理创造的情境教学，即遵循反映的原理，充分利用形象，创设具体生动的场景，激起学生的学习情绪，从而引导他们从整体上理解和运用语言的一种教学法，它的特点是言、形、情融为一体，理念寓于其中。运用情境教学促进儿童发展需经四个阶段：（1）在阅读教学中，创设情境，把“言”和“形”结合起来，进行语言的片段训练。（2）通过“观察情境教作文”引导儿童进行观察，让儿童在情境中加深体验，在情境中展开联想；习作时则在再现情境中构思，在进入情境中陈述，促使儿童情动而词发。（3）通过“生活显示情境、实物演示情境、音乐渲染情境、图画再现情境、扮演体会情境、语言描述情境”六种不同途径，创设和教材有关的情境，对儿童进行美感教育，促使儿童由感受美而入境，由爱美而动情，进而晓理。（4）在前三个阶段的基础上，运用“形式上的新异性、内容上的实践性、方法上的启发性”的情境教学三原则，进一步促进儿童整体的发展。情境教学的核心是“激起儿童的情绪”，所谓“带入情境”即有效地调动儿童的主观能动性。运用这种教学，把语文教学中的字词句篇的知识、听说读写能力的训练统一在情境中，并凭借儿童进入情境的内心感受和情绪，使之受到道德品质、审美情感和意志的陶冶，从而保证语文教学所肩负的“文”与“道”两方面教学任务的完成，促使儿童智力和非智力因素的和谐发展。儿童学语文就会感到“易”“趣”“活”。因为教学方法一旦触及学生的情绪和意志领域，触及学生的精神需要，便能发挥其高度有效的作用。

四、概括儿童发展的基本要素

若干年来，小学语文教学先后在语文基础知识的教学、能力的培养、智力的开发，以及文与道、知识与能力、能力与智力等方面或其中的某一单项，做了许多有益的探讨，对语文教学的科学化起到了一定的推动作用。但其中不少课题往往是从一个局部、一个角度提出的，致使有些老师感到小学语文教学头绪纷繁，顾此失彼。事实上，上述的众多方面都是小学语文教学整体中的一个侧面、一个层次。而对儿童发展而言，所有这些都是协同成一个整体，运动的、和谐的、发展的，因为任何儿童的发展都具有鲜明的整体性。面对儿童发展的客观实际，就须运用辩证唯物主义的观点，指导小学语文教学的改革工作，把儿童发展的许多因素统一在语文教学中。即从整体出发，着眼儿童的发展，这就需要我们进一步探索和把握教学全过程中儿童发展诸要素在整体中所处的不同地位。下面就小学语文教学中促进儿童发展的前提、基础、动因、重点、手段五个方面，试论儿童发展的基本要素。

（一）以培养兴趣为前提，诱发主动性

教学过程准确地说应该是促进儿童“自我发展”的变化过程，即通过教师的“教”控制学生的学习过程，促使其获得尽可能大的发展效果。而儿童发展的源泉，同其他事物变化的根源一样，是它固有的内部矛盾。因此，促进儿童发展的第一要素是儿童的主动性。

激起好奇心、求知欲。好奇、求知会驱使儿童好学、爱问，无论是从现阶段诱发主动性来说，还是从儿童未来成才来说，都是重要的心理因素。因此，对儿童的好奇、求知这固有的心理特点，既要利用、珍视，又要进一步激发、调动。实验班借助新异的教学手段，创设生动有趣的学习情境，激起儿童的学习情绪，使好奇、求知的欲望得以满足。例如，在低年级教学《太阳、地球、月亮》《月食》《数星星的孩子》一组有关天体的课文时，实验班先后运用三球仪的转动，理解“月亮绕着地球转”“地球绕着太阳转”的概念；运用感知鲜明的实物，演示月食的形成和消失过程，并自制电化星座，进一步激发儿童的遐想，探索宇宙奥妙；同时补充教学《我在月球上》，开展“天上星星究竟有多少”“秋夜看月亮”的观察活动。在班集体中形成以观察天体为乐的热潮。他们一颗一颗地数星星，写观察星空、月亮的日记，主动阅读有关天体知识的图书，向老师提出许多有趣的问题。事实证明，一旦儿童好奇、求知的欲望得到满足，便会更好奇、更求知，从而在愉快的氛围中形成新的学习动机。

树立自信心，培养自尊感。儿童既好奇、求知，又自尊、自信。一般来说，优等生的自信心和自尊感较强，后进生较弱。能否诱发全体学生的主动性，教师的态度是关键，尤其对后进生，教师的认可或指责、鼓励或挖苦，更会影响儿童的自信心和自尊感。儿童会十分敏锐地从教师的语调和眼神中感受到力量或压抑、殷切的期待或冷漠的嘲讽。二年级时实验班上来了一名留级生，由于老师注意在学习过程中帮助和鼓励他克服困难，他开始感受到学习的愉快，在集体中他也可以抬起头走路了。两年后，他的语文成绩终于由不及格上升到中上水平，思想品德也有了一定的进步。后进生能得到老师的肯定，对激发全体学生的学习主动性更有普遍的积极意义。但这绝不意味着对后进生需要降低难度。恰恰相反，设置有一定难度的教学内容，会使学生在克服困难的过程中感受到自己的才智与力量，进一步树立自信心，培养自尊感。所有这些有利于形成"老师的肯定—学生满足，树立自信心、培养自尊感—需要学习—老师再肯定、学生再得到满足—需要学习更新的、有一定难度的内容……"的学习程序，儿童的主动性便得到进一步的调动。

此外，在培养学生学习兴趣的同时，要注意培养学生良好的学习习惯，这对主动性的持续是十分有益的。由爱上课到养成认真上课的习惯，由爱读书到养成专心读书的习惯，由爱动脑到养成积极动脑的习惯，如此等等，并有意识地在培养儿童良好的习惯中培养他们的理智感。这样在今后即使学习内容较为枯燥，儿童也会凭着自己的意志和良好的习惯主动地把内容学好。

（二）以指导观察为基础，强化感受性

教学活动从某种意义上来说是一种认识活动。课本中的每一篇教材，甚至儿童充满稚气的习作，实质上都是人们对世界的认识和记录。所以，在语文教学中促进儿童的发展，首先是发展儿童的认识能力，即通过儿童的观察、思维、想象、记忆发展他们认识世界的能力。观察为儿童打开了认识世界的窗户。它是智慧的重要源泉。通过观察，丰富的感知材料得以积累，并成为儿童发展的基础。观察能力对儿童未来从事任何工作都是必不可少的。

选择美的形象。世界博大无垠，无所不包、无所不有，针对儿童爱美的心理，宜选择美好的事物作为感知目标。大自然是富有美感的，皎洁的明月、秋天的田野、丰收的作物、冬日的雪景、耸立在寒风中的松竹梅等大自然的美景，以及那淅淅沥沥的春雨、迷迷蒙蒙的晨雾、噼啪作响的冰雹、席卷大地的狂风等大自然的景象，都会以它特有的丰姿、奥妙和威力激起儿童对宇宙的神往。此外，学校沸腾的生活画面、家乡喜人的新貌、社会生活中充满光明美好的人和事，都可结合阅读教材和作文计划引导学生进行观察。这些富有美感的客体会带着鲜明的形象和画面，有声有色地进入儿童的意识，并直接影响儿童的语文能力和心理品质的发展。

逐步增加难度。儿童感知的能力是从低级到高级、从笼统到精确的。指导儿童进行观察必须循序渐进地进行。从观察的数量来说，是从单一到复杂；从观察对象的状态说，是从静态到动态，再到动中有静、静中有动；从观察的程序来说，是从整体到细节，从表面到实质；从观察对象的选择来说，是从由老师确定，到儿童自己学会从诸事物中选取主要的感知目标。就拿观察植物来说，在低年级可着重让儿童欣赏花的色彩、姿态，培养他们的色彩感；到中年级则逐步教给学生按“茎—叶—花”的顺序观察植物，以及从整体到细节的观察方法；以后通过观察多种客体，认识事物之间发展变化、相互依存的逻辑关系。这样，观察难度逐步加深，儿童对事物的认识能力、运用语言表情达意的能力便可随之得到发展。

拓宽想象空间。想象是发展儿童创造力、陶冶高尚情操的重要智力因素，在观察中教师可通过启发性的导语和提问，让儿童把观察和想象结合起来，引导儿童由此及彼、由表及里、由今及昔以至未来，展开联想和想象。当实验班儿童登上家乡的高山顶时，教师便以山腰亭台上“举目四顾海阔天空，长啸一声山鸣谷应”的诗句，开拓儿童想象的空间，让儿童感受家乡群山和浩瀚长江的壮阔之美；观察蒲公英时，当那毛茸茸的种子飘飘悠悠地飞向远方，以“蒲公英带着一把伞，跟着风伯伯飞走了，我们希望他到哪儿去生根开花?”激起儿童随着远去的种子展开想象。一次又一次的观察，强化了儿童的感知，这种感知从实验班五年级一次的独立作文即可看出。在学习《落花生》后，我让儿童选择平时观察的某一无生命物体，写出它的品格。全班共写出了《太阳礼赞》《小石子》《北极星》《路灯》《火》《铁》《绿》《歌》《蜡烛》等21种不同题材的小品文。全班儿童都能从各自的观察所得，写出事物的主要特征。可以设想，倘若没有长期的观察活动做基础，要小学生在一次的独立习作中写出这么多题材丰富且富有哲理的小品文是不大可能的。

（三）以陶冶情感为动因，渗透教育性

语文课是工具课，也是对儿童进行道德教育的重要阵地。语文教学的教育性必须与其知识性紧密结合在一起，它是在渗透和潜移默化中实现的。随着人类物质生活水平的不断提高，发展儿童的情感意志，使他们从小就对伟大祖国怀有深厚的情感，以健康成长为基础，成长为能经得起新的复杂环境考验的一代新人，已日益显示它的重要性。就语文教学的现状来看，语文教学似乎没有把情感意志的教育摆到一个突出的位置上。长期以来，由于受"左"的思想影响，阅读课上，搞架空分析，离开课文谈感想，儿童说空话、说假话；作文教学中程式化、概念化，很少激起儿童的情趣，让儿童表达真情实感。缺乏情感因素，就不可能激起儿童的内心体验，从而使语文教学中的思想教育收效甚微。情感是儿童思想意识、道德行为强有力的发动者和鼓舞者。早期进行的情感教育，往往会影响人的一生，而语文教学对培养儿童的情感更有它独特的有利条件。"夫缀文者情动而辞发，观文者披文以入情"的论述，早就指出阅读、写作与情感活动是紧密联系的。因此，以情感因素为动力，对儿童进行道德教育，可有效地提高儿童的精神素质。情感因素是儿童发展的动力，那么从何着手呢？综观小语教材，90%以上的课文集中再现了大自然的美和社会生活的美，而美感教育是适合儿童审美心理的。它以生动形象、给人愉快和满足的特点，成为儿童最早和最乐于接受的思想教育的主要手段。马克思就把他对于当时社会规律的天才洞察，首先归功于自己所受的美学教育。因此，教材内容、教育对象的特点，以及美感教育的优越性，都表明以美感教育为形式，发展儿童的情感意志，渗透教育性，必然是行之有效的。对儿童进行美感教育，必须从感受美开始，而在感受的过程中，势必会激起儿童对美的爱。这样，在教材中和儿童习作中，从不同侧面一再表现的伟大的党、可爱的祖国、勤劳勇敢的人民、优越的社会主义制度，以及家乡的山山水水、校园的花草树木、自己所在的集体……大大小小的美好的人和事，便会在美的感受中激起儿童的热爱之情，而这正是在儿童心灵中应及早孕育的崇高的情感！换言之，假如没有对美的爱，又怎么去陶冶儿童健康的情感？可以说，没有对美的爱，就没有教育。

儿童在长期的美的感受中，陶冶了情操，提高了鉴别能力。通过识别美与丑，他们可分辨正确与谬误、高尚与低下，因爱美而去追求美，因认识和理解了美而日趋产生创造美的愿望和行为。这样，儿童在对美的理解的基础上，逐步形成正确的道德观念。

（四）以发展思维为重点，着眼创造性

为了适应社会主义现代化建设的需要，小学语文教学必须从未来出发，考虑今天的教学，努力以儿童发展的明天为方向。“只有当教学走在儿童发展前面”的时候，才是好的教学，才能把儿童带入一个永远没有终结的最近发展区，使儿童不断意识到以前没有意识到的东西。为此，必须以党的全面发展教育方针为总原则，着眼儿童的发展。它的内涵不局限于智力的发展，而是包括知识的积累，语言、智力以及情感意志等心理品质的发展。其重点是发展思维力，尤其是思维的创造性，以学科特点为依据，在儿童理解和运用祖国语言文字的过程中着手。

(1) 在词的理解和运用中发展儿童思维的准确性。词，具有极大的概括性。所谓运用语言，从某种意义上来说，就是词的组合与运用；从人的思维活动来说，它的基本过程，就是运用一个个的词进行分析综合、判断推理，因此，在字词句篇四项基础知识中，应突出词的教学，把词和形象结合起来。在理解课文、认识世界中理解词；在描述语言情境，表情达意中运用词，使第一次感知获得鲜明的印象、准确的概念，为思维的准确性打下基础。

(2) 引导儿童运用修辞手法，丰富思维的形象性。儿童往往是通过形象认识世界的，因而他们的思维是以形象为主的。这对于他们学好语文来说，十分有利。引导儿童运用拟人、比喻、排比等初步的修辞手法，会促使他们由甲事物联想到乙事物、由此时此地联想到彼时彼地，形象思维得到进一步发展。这样就可在语言文字练习的过程中，把脑子用活。

(3) 加强对儿童篇章的训练，发展思维的逻辑性。在发展形象思维的基础上，必须注意向抽象思维过渡。而篇章的训练，恰好包含分析综合、抽象概括等抽象思维的活动，是培养语文能力的重要环节和发展逻辑思维的极好手段，因此，须结合教材特点，切实训练之。前三年篇章的训练是初步的，着重通过理思路、分段落、明层次，使儿童思之有路、言之有序，这是思维具有逻辑性的第一步。到中高年级，可以通过教材安排的 32 篇“读写例话”提示的读写知识和逻辑关系，结合具体课文有步骤地训练。

(4) 在儿童的想象性作业中，发展思维的创造性。想象力是一种富有创造性的认识功能，真正的创造是想象活动的结果。有计划地设计和安排想象性作业，对进一步发展儿童的创造能力十分有益。在阅读教学中可进行改变人称、改变处所、改变结构、改变体裁、补充情节等复述。在作文教学中，主要进行想象性作文，并通过观察、想象，自编童话。五年级时，实验班曾引导儿童进行一系列有趣的想象性作业。二年级在指导儿童观察小鸭后，想象小鸭子离开学校后可能的种种遭遇，试写《小鸭子的奇遇》；三年级在教学《海底世界》《海龟》《珊瑚》后，结合课外阅读所得，写幻想性小故事《海底世界漫游记》；中高年级先后又写了《我是一棵蒲公英》《我在想象性摄影活动中》《理想的中队长》《假如卖火柴的小女孩来到我们中间》等想象性记叙文。儿童带着欢愉的心情，兴致勃勃地写出了一篇篇打破自己格局的童话和故事。这些新颖、有趣的想象性语言训练，不仅陶冶了儿童的情操，而且让他们感受到了创造性劳动的快乐。

（五）以语言训练为手段，贯穿实践性

小学语文教学历来被人们看作一门工具课，因为每一个人都必须通过语言文字去学习、理解，通过语言文字去表达、交流。既然是工具，儿童要掌握，就须通过自己的语言实践，最好的办法是“在阅读中学会阅读”，在“写作中学会写作”。从“发展性教学论”的观点来看，教学过程并不等于发展过程，因此上述所论的培养兴趣、指导观察、陶冶情感、发展思维四者均应在儿童语言实践的过程中实现。训练语言既为手段，又为目的。在儿童语言实践的过程中，须根据教材的重点和特点，有目的地设计和安排促进儿童发展的教学内容和程序，引导儿童在感知教材中感受形象，让儿童在理解与深化教材中启发思维、引导想象、训练表达，并在其间体会情感，上升理念，要做到既着眼儿童的发展，又把握语言实践。为此，实验班提出“以促进儿童发展，组织教学全过程”的设想，以“读”为阅读教学程序的主线，并把知识、能力、智力、非智力因素统一在具体情境中，合理安排教学过程，即初读—读通，细读—读懂，精读—读透，引导儿童通过自己的阅读实践，即“一读二练三体会”来“弄清文章思路、理解关键词句、体会和品赏语言”。具体做法可概括成三句话：初读课文理思路，细读课文抓重点，精读课文学欣赏。这样有效地培养了儿童的阅读能力，并促使心理品质的协同发展。据不完全统计，从二年级开始到毕业的四年里，全班 43 人共读 6 980 本课外书，平均每人读 162 本。阅读的范围涉及童话、寓言、故事、小说、天文、地理、历史、科普，其中还有许多名家名作，如《格林童话选》《中国古代寓言》《西游记》《三国演义》《儒林外史》《东周列国志》《冰心散文选》等。其中吴雷同学一人四年共读

800 本书，升入重点中学后在同年级中成绩第一名，品德优秀。

在运用语言方面，实验班十分警惕舍本逐末的习惯做法，不做重复性抄写生词，不设所谓“练习册”“语文笔记”，不做那些流行的、名目繁多的、单项的题海训练。题海训练耗时多、效率低，而且对儿童心理品质的发展不能产生任何积极影响。实验班让儿童从课业重压下解放出来，把时间用在短小的、整体性表达训练上，把训练语言与发展思维结合起来，按照“从模仿开始，逐步增加创造性成分，培养独立性”的程序进行训练。通过一年级的“每日写一句话”，二年级“每天写一篇短小的观察日记”，儿童的词句基本功在入学两年内就打扎实了。这样每日写一点，一日不多，坚持数年就很可观。五年来，实验班学生做整体性书面表达练习（写句、写段、写篇）550 次以上，作文就有可能提早起步，儿童就可在老师的鼓励下“用自己的眼睛看，用自己的笔表达自己的情趣”。儿童有了基本功，有了题材，写作对他们来说成了乐事，一般都能写出文通字顺的记叙文。全班 43 人中有 32 人在《人民日报》《新华日报》《中学生报》《作文报》《少年文艺》等书刊上发表了观察日记、作文共 72 篇。有 2 名同学先后在《小学生报》《小溪流》编辑部举办的全国小学生作文比赛中获得一等奖，在全市作文考试中成绩遥遥领先。

综上所述，更主要的是通过实践的检验证明，用辩证唯物主义的观点、从整体出发、促进儿童发展，是改革小学语文教学的有效途径。它可促使儿童在语文学习中，既掌握工具，又获得心理品质的主动发展。

儿童发展理念的形成，促使我的文章有了一定的高度和新意。此后，杜殿坤老师还常常把苏联的合作教育、和谐教育，以及还没有出版的译稿首先寄给我，使我可以以最快的速度得到最新的国外教改的信息。

有一次杜老师特地对我讲：“我带的一个研究生高文，在苏联留学，她在学报上介绍了一篇关于‘场论’的文章，你可以找来读读。”后来我从华东师大学报上找到了这篇文章，读完这篇文章我当时觉得内容挺深奥的，没有深切的感悟，但又觉得它挺有意义。朦胧中，“场论”像播种机一样在我思想的园地里播下了种子。此后，我十分关心“场论”的相关资料和介绍。数年后，我读到美国莫里斯·L. 比格的《学习的基本理论与教学实践》后感悟到，我在课堂上创设的情境，在师生情感交融中的这种“有我之境”，实际上就是一个“场”。我于 1986 年写的《情境教学实验与研究》的文章，就谈道：“所创设情境本身的丰富美感，鲜明的形象，伴以教师情感的抒发、沉浸，以激起儿童的情绪，使儿童纯真的情感参与学习活动。这样，在运用情境教学的过程中，教师以情去拨动儿童的心弦，儿童不仅是靠耳朵听、靠眼睛看教师的演示，而且用‘心’‘眼’去学习。这样，主客观的一致，智力、非智力因素的和谐，使整个情境成为一个多向折射的心理场。儿童置身于这样特定的心理场中，对具体情境的感受、领会，一般要比所接受的语言灌输更加丰富和深入，常常会处于‘未尽之意’中。这种整体和谐的情境，必然带来儿童知识、能力及心理品质协同发展的令人愉快的效果，从而保证语文教学任务的全面完成”。

在这样的认识基础上，又经过后来整整 10 年的研究，我在实践中进一步感悟到，1996 年提出的情境教育基本原理之一的“心理场整合原理”，即情境教育利用心理场，“使儿童的生活空间不再是一个自然状态下的生活空间”，儿童进入这人为优化的情境，其力度、真切感和美感都足以影响儿童的心理世界，进而很自然地形成一种向着教师创设的情境目标推进的“力”，使儿童在顿悟中改变认知结构乃至心理结构。

情境教育始终把教育与儿童的发展统一起来。我提出的“着眼发展，着力基础”正是情境教育这一思想最明确的体现。这种发展观正是在杜殿坤老师的引领下，结合自己的探索逐渐形成的。

所以，在 1996 年 12 月由中央教科所和江苏省教委联合举办的“全国情境教学——情境教育”学术研讨会上，我在报告实验情况时，满怀感激之情地提到杜殿坤老师对我的指导和帮助，说着说着，不禁热泪盈眶。虽然恩师已逝，学术界也不知道这些情节，但是作为一名教师，作为一个教育科学的研究者，我必须让全国各地的专家学者都知道，杜殿坤老师除了翻译著作，还曾为一个一线小学老师进行的、现在在全国形成广泛影响的教育学派留下了他奠基性的一笔。

谈起杜老师，还让我联想到华东师范大学刘佛年校长。有一次，我来到上海，杜老师得知我实验工作的开展，非常欣喜，特地把我带到那时的华东师大校长刘佛年家里，把我介绍给刘校长。第一次见到刘校长，感觉他非常平易近人，就像一个大学者。刘校长宽阔的前额上稀疏的白发梳理得并不十分整齐，但一身布衣、一副高度近视的眼镜，透出一个学者的睿智、亲和。是的，作为中国教育界的一代宗师，作为华东师范大学的校长，他的形象总是掩盖不住他超凡脱俗的人格魅力。刘校长邀我坐在他身边的沙发上，他的夫人王老师又给我端上茶。杜老师介绍我的情况，刘校长听了微笑着赞许地说：“小学教育，课堂教学就是要这样研究。”后来的交谈中刘校长也总是称赞我做得好。此后，每次我拜访杜老师后他都会领我去见刘校长。每次从刘校长家里出来，我总觉得特别踏实，心里暖暖的，信心更足了。

记得有一次，华东师大的老师告诉我教育部要刘校长为培养中国自己的教育家亲自带研究生。当时他选中了顾泠沅先生（现任上海市教科院副院长）和我：一个在中学，一个在小学；一个教数学，一个教语文。刘校长建议我先读他的硕士，继而读他的博士。这对我来说，真是做梦都不敢想的机遇。杜老师、华东师大的翟慧文教授、恽昭世教授、吴立岗教授都为我感到高兴。名单上报后，根据教育部研究生法规条文的规定，读研究生必须是 45 岁以下，大学本科毕业。但我一是年近半百，二是中师学历。刘校长说：“要培养中国自己的教育家，必须从第一线中挑选有一定经验的，那肯定年龄不小了，再说过去小学教师又怎么可能是大学毕业呢!”刘校长认为应该根据中国当时的实际情况有所调整。所以他一方面让我向张健副部长反映，另一方面自己也直接向何东昌部长反映。据说何东昌部长还为此做了表示同意的批示。这一切都令我感动不已。

刘佛年校长在中国教育学会学术委员会上与李吉林亲切交谈

但是法规毕竟是法规，最终未能如愿，我当时非常失望，不仅因为失去了一个深造的机会，还因为失去了一个可数年亲耳聆听佛年先生教诲的机会。对于顾泠沅先生能读完佛年先生的博士，我只能是羡慕。后来佛年先生安慰我、激励我，想方设法为我创设学习条件，让华东师范大学聘请我为兼职研究员。佛年先生说："这样你就有可能享受华东师大丰富的图书信息资料了。"当拿到华东师大的聘书时，我心中充满了对佛年先生的感激和崇敬之情，深深感受到一个大学者对实际工作者的关爱，这也让我更加珍爱来之不易的学习机会。

此后，我仍然不断地得到佛年先生的指导与激励，当我的论文在全国获奖时，他的夫人王老师转告我："佛年说你的文风很好，他很欣赏你。"在心中暗喜的同时，我仔细琢磨着：我的文风好在哪儿？在和王老师的交谈中，我得知大概是我文章中没有深奥的名词术语，内容比较实在，文笔比较平实但又有点美感。佛年先生的评价让我客观地评价自己的文笔，进而概括出自己的写作经验，让自己的写作风格逐渐比较稳定。我后来的文章之所以比较受老师的欢迎，这是一个很重要的原因。

当我在整体改革面前束手无策、心里很难受、几乎泄气时，佛年先生又说："整体改革是一个相对的概念，可以是一个庞大的系统，也可以是两个学科间的横向沟通，整体改革并不是一个很严格的、分得很细的概念。我们要科学概念模糊化，复杂概念简单化。"简单的几句话，让我领略到整体改革的真谛。于是，我又振作起来，进行整体改革。应该说，这为后来的情境教学发展到情境教育做了非常重要的铺垫。此后，我还多次随杜老师到佛年先生的家里请教，每次都受到他和他夫人的热情接待。有一次他知道我到上海了，还特地打电话让我到他家吃饭，我真有点受宠若惊。

一个大学校长，一个在国内甚至国际上享有盛名、备受人们尊敬的大学者，对一个小学老师如此关爱，我想这绝对不是仅仅为了我个人，佛年先生在其间所流露的是他内心对实际工作者的关爱。他是多么希望实际工作者能从理论和实践的结合上，来实现自我飞跃，极大提高第一线教师的素质。

现在回想起来，上海教育改革的大旗在全国举起得最早。著名教育家吕型伟先生先进的教育思想、上海教师改革率先的行动，以及后来的上海市教委副主任张民生的相关举措，对一江之隔的我影响甚大，我从中得到很多的启示和鞭策，真可谓"近水楼台先得月"。所以，我内心对上海教育充满了感情。

第四章
美学丰富了我的教学观
——改革须理论与实践相结合

一、运用情境教学，进行审美教育

二、运用情境教学，进行思想教育与情感陶冶

三、情境教学的重要原则：美感性

情境教学在起步阶段可真是摸着石头过河，凭着感觉走。在第一阶段的“运用情境，进行片段语言训练”，以及第二阶段“带入情境，为学生提供作文题材”，都取得了明显的效果后，我又想，下一步我该怎么走呢？

我想，语文是基础中的基础，占的课时是最多的，改革应该不断地深入下去。作文已经迈出了可喜的一步，我很自然地就想到阅读教学该怎么办。情境的创设给作文教学带来的勃勃生机，孩子作文水平的迅速提高，都给了我很大的启发和鼓舞。我反思着，原因何在呢？我想，其中一条重要的原因就是我为孩子提供的作文题材都是优选的富有美感的、意境广远的场景。我多少次带孩子们跨出学校的大门，到小河边、田埂上、树丛中、公园里，去寻觅、去感受这场景。我和孩子们一起去寻找春姑娘的笑脸；到小河边观察小蝌蚪；秋夜看明月从天边升起；堆雪人，打雪仗，踏雪寻梅，去欣赏松、竹、梅岁寒三友的风姿……大自然的这些美景我都带孩子们观察过，欣赏过；社会生活中那些美好的人和事、场景，我也都带孩子们感受过。我带领孩子们投入大自然的怀抱，打开社会生活的画卷，使他们真切地感受到大自然的无限美感、社会生活的丰富多彩。我感悟到，正因为我优选的，或者人为优化的情境是“美”的，所以孩子们才流连忘返，沉浸其中。记得在那看月亮的秋夜，快九点了，孩子嚷着要再看一会儿，大家都不肯走；观察野花的时候，他们痴痴地看着我和他们一起吹起的蒲公英的种子，飘飘悠悠地飞到了小河的那边。蓝天、白云、毛茸茸

李吉林老师和孩子们一起堆雪人

的野花的种子和那清澈的小河，似乎都让他们领略到情境的诗情画意……于是，从我脑海中跳出一句话：美的魅力无穷！美的作文教学成功了，阅读教学让它美起来，不也同样可以走向成功吗?！再说小学语文的一篇篇课文都是作家蘸着情感的水写成的美的人、美的事、美的景、美的物。小学语文本身就是美的。于是，我提出“运用情境教学，培养审美能力”的设想，由此来改革阅读教学。

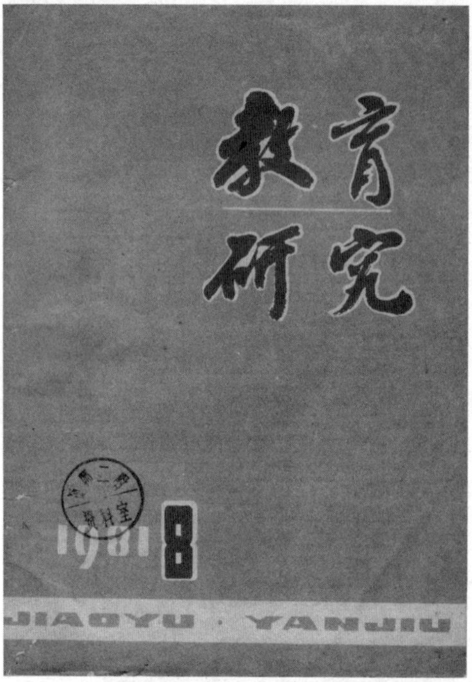

语文教学上的
创设情境

南通师范第二附属小学　李吉林

小学语文教学，因其本身饱含美感的特点，使它成为审美教育中的一门重要课程。美，总是存在于形象之中，语文教学的审美教学，必须伴随着形象进行。离开了形象，就谈不上审美教育。为了给学生以完整、鲜明、生动的形象，近年来，我试着运用创设情境的教学方法，有目的地进行审美教育，培养学生的审美能力，以促使学生由爱美而动情、由动情而晓理、由晓理而实行。并由此通过情感的培养，进一步发展学生的智力，有效地提高学生的读写能力。

在小学语文教学中，创设情境，培养审美能力，是渗透在教学过程中，密切结合读写教学进行的。现行小学语文教材里，那些可歌可泣的英雄人物的故事，那些优美的诗篇，有趣的童话，蕴含哲里的寓言，描写了许多美的人和事——以优美的语言文字，反映了自然之美、社会生活之美，乃至艺术之美。可以说，小学语文课本，既是学生学习语言文字的教科书，又是对学生进行审美教育的教科书。因此，运用创设情境的教学方法，培养审美能力，主要是凭借语文教材，并结合作文题材，创设有关的情境，让学生在其中感受美，学会鉴赏美，练习表达美，从而逐步提高审美能力。

引入情境，感知美的表象

培养学生的审美能力，首先要培养学生感受美的能力。美是客观存在的。一个人不懂得感受美，就无从鉴赏美，更谈不上创造美。因此，从感知美的表象，培养学生感受美的能力，是审美教育的基础。

带入图画描绘的情境，要静中有动。小学语文教材中，许多是图文并茂的，由图画带入教材描绘的情境是常用的手段。但从图到图，局限于静止的画面，往往进不了情境中去。恰当地使感知的客体呈现运动的状态，会增强感知的效果。如教《荷花》(见小语课本第六册)一课时，我在学生面前展现了一幅荷花的图画，设计了一项练习“我[　　]地看着荷花”，让学生想象课文中的“我”，怎样看着荷花，致使自己仿佛也变成一朵荷花，和满池的荷花一起舞蹈。要完成这一项练习，学生势必要看着画，体验“我”看荷花的心情、神情。他们说：“我久久地看着荷花”，“我入神地看着荷花”，“我深情地看着荷花”，“我凝神地看着荷花”……。随即我启发学生想象：仿佛自己也来到荷花池边，把画中的花看成池中的花，也这么凝神地、深情地看着，抓住课文中“一阵风吹来”“风过了”表示叙述层次的词语，有条理地展开想象。同时放了一段和课文内容相应的音乐，让学生凭借音乐的形象感知图画中的形象，理解教材语言的形象。鲁迅先生说：“音美以感耳”，“形美以感目”。音乐声起，学生凝神视之，细细地体察着，美滋滋地品味着。这就促使学生的视觉、听觉、嗅觉多种感官协同作用，并运用学生的想象和联想，使感知的美的表象分外丰富。学生说：“我仿佛觉得荷花突然长高了”，“我自己也摇摆起来”，“我好象闻到荷花的清香”。显然，学生感到了画中的情，听到了画外的音，深深感受到白荷花色彩的淡雅，静态的庄重，动态的轻柔。学生因荷花之美，而产生爱荷花、爱大自然的情感，进一步激发了学生学习的欲望，他们爱读这篇描写荷花的课文。观察力和想象力同时得到发展。

带入生活的情境，要有声有色。学龄儿童对美的感受，总是从初级的美感能力，发展

· 68 ·

《教育研究》1981.8.

李吉林老师关于“运用情境教学，培养审美能力”的论文，发表于《教育研究》（左图为封面，右图为正文）

一、运用情境教学，进行审美教育

我清楚地知道，教材中的这些美文是以语言为中介，以抽象的符号描写课文画面的；而单纯的符号会使教学索然无味。因此，如何使教材蕴含的美再现在孩子的面前就显得十分有必要。接着我又想，创设美的教学情境，进行阅读教学，其途径是什么呢？我从孩子们喜爱艺术的现象进一步思考——喜欢艺术

的又何止是孩子呢！无论是成人、文化人，还是普通的劳动者都喜爱艺术。孩子们为什么喜欢画画，喜欢唱歌，喜欢舞蹈，喜欢看戏、演戏呢？那不正是因为这些艺术活动都蕴含着美、展现着美吗？不正是因为美能带给孩子愉悦吗？艺术总是通过完美的艺术形象，抒发艺术家强烈的爱和憎，让观众在获得审美愉悦的同时，心灵受到一种震动，感受到一种力量！

让艺术走进语文教学

而我们的小学语文教学，几乎每一篇课文都向孩子展示了生活中的美，有形有情。即使像《海底世界》《小壁虎借尾巴》这类常识性课文，也同样向小读者呈现了海底世界奇异的美，描写了小壁虎作为一种小生灵的可爱与生命的特点。其实，从宽泛的意义上讲，每一篇课文本身就是文学作品。文学与艺术就是有着剪不断的渊源。因此，让艺术走进课堂，走进语文教学，并不牵强附会。于是，这么多的想法和尝试，我用一句话把它明明白白地说出来，那就是：让艺术走进语文教学。艺术是形象的，艺术是美的，艺术是有情的。当然，我们的课堂，不是舞台，不是画室，不能把舞台艺术、绘画艺术硬搬进课堂。艺术与教育毕竟是两个不同的范畴，但是二者却是相通的。教育应该利用艺术，将艺术引进教育，使教育成为学习者主动的、乐于参与的活动。经过一番琢磨，根据艺术与教育二者的特点，在小学阅读中我把艺术的直观与语言描绘结合起来创设情境，再现课文描写的情境，从而找到了在阅读教学中进行审美教育的重要途径。这样情境教学又向前迈进了一步，不仅是在阅读教学中开始新的探索，同时也可就阅读教学对培养学生的审美能力展开研究。我意识到这是一个具有学术价值的课题，美既可以成为教学的手段，又可以成为教育的目的。因为孩子喜欢美，所以孩子就应该懂得美，进而崇尚美。

首先我想到了图画，用图画来再现情境。课文本身就是有情有景的，我们用图画的目的是使课文内容以形象的方式呈现在孩子们面前。乌申斯基说过一句话：“图画一看，教室里就热闹起来了。”这句话正说明儿童是通过形象去认识世界的。图画的再现使课文形象一下子鲜明起来了，这也符合了儿童对形象易于接受、易于理解的认知特点。

接着，我很自然地想到音乐、戏剧这些艺术手段。音乐是没有国界的。音乐凭着它特有的节奏、旋律，用另一种大家都可以感受、可以理解的语言向世人诉说着。而戏剧因为有人物、有情节，所以那是用形象在给观众讲故事。记得第一次，我借用戏剧的手段再现生活的场景，结合语言训练的内容创设了“夜晚，小红在家做作业”的情境。我自己扮演小红的妈妈，一个女孩扮演小红。这种没有任何化妆的戏剧性行为，使全体学生欣喜若狂。预定的语言训练，伴随着学生积极的情绪、急切的表达欲望，获得了成功。儿童喜欢戏剧是毋庸置疑的。当然，我也没忘记真实的生活情境，以生活画面展示情境，以实物去演示情境。经过一段时间的探索后，积累丰富了，感受深了，我就梳理、归类，进而总结。

我认为，小学语文教学本身具有的美感特点，使它成为审美教育中的一门重要课程。美，总是存在于形象之中，语文教学中的审美教育，必须伴随着形象进行。离开了形象，就谈不上审美教育。为了给学生以完整、鲜明、生动的形象，近年来，我试着运用创设情境的教学手段，有目的地对学生进行审美教育，培养学生的审美能力，促使学生由爱美而动情、由动情而晓理、由晓理而践行。由此通过情感的培养，进一步发展学生的智力，并有效地提高学生的读写能力。

在小学语文教学中，创设情境，培养审美能力，是渗透在教学过程中，密切结合读写教学进行的。在现行小学语文教材里，那些可歌可泣的英雄人物的故事，那些优美的诗篇、有趣的童话、蕴含哲理的寓言，描写了许多美的人和事——以优美的语言文字，反映了自然之美、社会生活之美，乃至艺术之美。可以说，小学语文课本既是学生学习语言文字的教科书，又是对学生进行审美教育的教材。因此，运用创设情境的教学手段，培养审美能力，主要是凭借语文教材，并结合作文题材，创设有关情境，让学生在其中感受美，学会鉴赏美，练习表达美，从而逐步提高审美能力的。

（一）引入情境，感知美的表象

培养学生的审美能力，首先要培养学生感受美的能力。美是客观存在的。一个人不懂得感受美，就无从鉴赏美，更谈不上创造美。因此，从感知美的表象出发，培养学生感受美的能力，是审美教育的基础。

1. 带入图画描绘的情境，要静中有动

在小学语文教材中，许多课文是图文并茂的，由图画带入课文描绘的情境是常用的手段。但从图到图，局限于静止的画面，往往进入不了情境。恰当地使感知的客体呈现运动的状态，会增强感知的效果。例如教《荷花》（小学《语文》课本第六册）一课时，我在学生面前展现了一幅荷花的图画，设计了一项练习“我（　）地看着荷花”，让学生想象课文中的“我”怎样看着荷花，使自己也仿佛变成一朵荷花，与满池的荷花一起舞蹈。要完成这一项练习，学生必须看着画，体验“我”看荷花的心情、神情。他们说：“我久久地看着荷花”，“我入神地看着荷花”，“我深情地看着荷花”，“我凝神地看着荷花”……随即我启发学生想象，让学生设想自己也来到荷花池边，把画中的花看成池中的花，也这么凝神地、深情地看着。我抓住课文中“一阵风吹来”“风过了”表示叙述层次的词语，有条理地让学生展开想象。同时，放了一段与课文内容有关的音乐，让学生凭借音乐的形象感知图画中的形象，进而理解课文语言的形象。鲁迅先生说过，“音美以感耳”“形美以感目”。音乐声起，学生凝神视之，细细地体察着，美滋滋地品味着。这就促使学生的视觉、听觉、嗅觉多种感官协同作用，并运用自己的想象和联想，使感知的美的表象分外丰富。学生说：“我仿佛觉得荷花突然长高了”，“我自己也摇摆起来”，“我好像闻到荷花的清香”……显然，学生体会到了画中的情，听到了画外的音，深深感受到了白荷花色彩的淡雅、静态的庄重、动态的轻柔。学生因荷花之美而产生爱荷花、爱大自然的情感，进一步激发了学生学习的欲望，他们爱读这篇描写荷花的课文，同时观察力和想象力得到了发展。

2. 带入生活的情境，要有声有色

学龄儿童对美的感受，总是从初级的美感能力发展到高级的美感能力。自然美是小学生最容易感受到的，大自然是对学生进行审美教育的生动课堂，大自然的奥秘是启迪学生智慧的刺激物。绚丽的朝霞、落日的余晖、灿烂的星空、雨后的绿树、云雾笼罩的山峦、默默无声的野花、欢快鸣叫的鸟雀……那强烈的色彩感，壮美和柔美和谐统一的各种线条美、形体美，以及各种充满活力的声音，都给学生以特别丰富的自然美的感受，帮助学生积累了不少美的表象。正如美学家车尔尼雪夫斯基所说：“美即生活。”直觉是可贵的因素，因此，我结合作文教学，常常把学生带入大自然的某一场景，感受生活情境的美。随着学生年级的升高，还必须逐步地让学生感受社会生活的美。美虽然来源于生活，但绝不等于生活中的任何现象都是美的，还需要教师认真创设情境，选取那些生动的、形象鲜明的、健康的美的情境。这样，学生所感知的表象才是美的。例如，我结合作文教学，开展"好哥哥、好姐姐"的活动。活动的主题就使他们兴奋，他们顿时觉得自己长大了几岁，这一活动对他们人格的形成起了良好的催化作用。那天，学生一个个高高兴兴地来到幼儿园。有的绘声绘色地讲着故事，身边围着一群可爱的小朋友；有的举着自己制作的风车领着小朋友们跑，风车飞快地转动着，小朋友们欢快地奔跑着；有的还搀着小朋友攀上滑梯，递上心爱的望远镜，让小朋友享受登高远眺的快乐；有的像小老师那样教小朋友折飞机、折小鸟……在这种丰富多彩的活动中，小孩子乐，大孩子更乐。在幼儿园的小朋友面前，小学生俨然是一个"大人"，一下子变得懂事多了。他们亲眼看到了幼儿园小朋友在"好哥哥、好姐姐"爱抚下的可爱的笑脸，亲耳听到了幼儿园小朋友的欢声笑语，亲身体验到能帮小弟弟、小妹妹做点好事的愉快的心情。在此情此景中，关心他人、帮助弱者的种子也悄然播撒到他们的心田里了。活动后，他们写的作文充分流露了这种感情。

3. 带入想象中的情境，要可见可闻

教材中有许多情境是无法直接进入的，而且学生也不能总是用那些能看见的形象来思维。这就需要教师通过描述，把学生带入想象中的情境。尤其是一些抒情的、富有幻想的章节，更需要运用描述启发学生。《珍贵的教科书》（小学《语文》课本第六册）写的是一个壮美的、感人至深的故事。故事中的张指导员为了一捆教科书，英勇献身。教学时，我深情地描述着："敌机无情地扔下了炸弹，'我'被炸晕过去了。当'我'醒来时，'我'看见张指导员倒在血泊中。'我'扑过去，大声地呼唤着指导员。现在小朋友仿佛就是课文中的'我'，你怎么呼唤着指导员，你看到这时的指导员什么样？你听到指导员在说些什么？"教师的语言对学生的感知往往起着调节和支配的作用。这一段话，把学生带入那战争年代，眼看着指导员为了保护一捆教科书而奄奄一息的感人场景。接着紧扣课文中的"扑""大声喊""微微地睁开眼睛""叨念着""两眼望着那捆书"这些描写人物动作、神态的词语和表示说话断断续续的省略号，指导朗读。看得出，学生全身心地沉浸在这动人的情境中，他们仿佛看到了血泊中的指导员，看到了那沾着指导员鲜血的教科书，听到了指导员最后的嘱咐。读着，想着，一些学生激动得泪水夺眶而出，学生深深感受到这捆教科书的珍贵，理解了指导员崇高的精神境界，一个革命战士的心灵之美。

学生的认识总是从感知开始，通过感知，形成表象。运用创设情境的教学手段，强调形象的鲜明、生动、完整。这就使被感知的事物达到一定强度，引起有效感知，增强感受性，使表象清晰、丰富，为思维、想象提供丰富的感知材料。创设情境的目的，就在于引导学生从“境”中见到“形”，从“形”中感受到“美”，进而从“美”中产生“情”。

（二）分析情境，理解美的实质

审美教育的中心环节是从审美感受提高到美的鉴赏，从而理解美的实质。从认识过程来说，虽然是从感性认识上升到理性认识，但形成审美观念的认识过程的飞跃，仍然应伴随着形象。因此，必须很好地引导学生分析情境，由表及里、由此及彼地理解美的实质。

1. 提供分析美、理解美的必要条件

理解美的实质，要经过一番去粗取精、去伪存真的过滤过程。对逻辑思维尚弱的小学中低年级学生来说，理解美的实质需要教师提供必要的条件。要促使学生从感性认识上升到理性认识，必须给予丰富的感知。为了对学生进行立志成才的理想教育，我邀请了著名书画家范曾先生和学生见面，并以此为题材作文。那天，范曾先生在学生的一致请求下，当场作画。学生亲眼看到范曾先生在十几分钟内，画出大幅的栩栩如生的李白画像，他们无不感到新奇。学生钦佩、叹赏，充分感受到一个书画家是怎样用手中的笔创造艺术美的，这为分析情境、理解美的实质提供了条件，做了必要的铺垫。学生说：“范曾叔叔，你是怎么画得这么好的?”范曾先生又写了“苦练精思”四个字，高度概括了他成才的“诀窍”。这就促使学生不仅感受一个艺术家创造的艺术美，而且认识到艺术家为创造艺术美长期进行艰苦劳动的精神世界的美。

2. 教师引导，帮助分析和理解

除提供必要的条件外，教师的引导仍然是不可或缺的。这种引导是在学生认识的过程中，紧密结合教学进行的。例如，在教授《视死如归》（小学《语文》课本第六册）一课时，创设情境这一教学手段的运用，似乎把我和学生一

起带到了课文中描写的那个旷野上。敌人色厉内荏，王若飞昂首挺胸，怒目而视。课文这样写道："王若飞站定了，抬头望着北边那巨人似的大青山。大青山连绵起伏，在夜色中显得更加雄伟。"学生提问："写王若飞同志，为什么要写大青山呢?"我意识到解决这一问题，可以帮助学生认识王若飞同志崇高的精神境界。我便一步步引导学生去分析情境：首先让学生抓住"巨人似的"这个比喻词，想象苍茫暮色中"大青山"的雄姿，映照王若飞同志在敌人面前大义凛然、视死如归的英雄形象。进而扣住课文中"王若飞站定了""抬头望着"等刻画王若飞形象的词语，想象王若飞背对敌人的枪口，远眺大青山时的所思所想；再通过让学生有感情地朗读，体会到王若飞壮怀激烈，为了党的利益甘洒热血的立场，如同大青山一样，坚不可摧、决不动摇。学生的感情升华了，他们从课文描写的"景"理解到"情"，从人物的形象理解到英雄的内心世界。所谓"意美感心"，就是把理解美的实质和情操的陶冶、道德观念的形成融合在一起。

3. 交给学生一把标尺，让学生在自我实践中学会分析和理解

培养学生鉴赏美的能力，根本目的是使学生不待教师引导，自己就能在生活中运用概念，分辨美丑，做出正确的判断。教了《美丽的大红鸡》(小学《语文》课本第三册）后，我抓住了这篇童话中老马的话："美不美不在外表，要看能不能帮助人们做事。"这句简短的话，揭示了"美"的真正内涵。我便布置了这样一道题：用老马的话，去衡量周围的人，谁美谁不美?几天后，学生纷纷在观察日记中发表了自己的看法。

从学生的观察日记里可以看出，他们对自己观察到的生活情境已进行了由表及里的分析，能逐渐对美丑做出正确的判断。青少年如果能分辨出真善美与假恶丑，那么他们所追求的、向往的必然是美好的、健康的、崇高的境界。在对学生进行思想道德教育的同时，结合审美教育，就可以取得相得益彰的效果。事实正是如此，学生对祖国山河的热爱、对英雄人物的崇敬、对未来的憧憬、对老师的尊敬、对同学和他人的热忱，甚至对小动物的怜爱，都反映了学生的情操与美的陶冶是分不开的。

这样，在感受美的基础上，通过想象、情感、活动和理解四种心理功能的综合，促使学生逐步形成对美的认识。这个认识的过程，又必然会促进学生正确世界观的形成和逻辑思维的发展。

（三）再现情境，表达美的感受

创造美是审美教育的最终目的。在小学语文教学中，创造美主要表现在运用祖国的语言文字表达美的感受上。表达美的感受以后，学生对美的认识会更加明确，感情会随之而深化。这种以表达美的感受为内容的语言和思维的协同活动，必然促进学生创造性思维的发展。思维的创造性，正是一个人智力的最高表现。我们发展学生的智力，最高目标就是发展这种创造性的智力。这种表达能力和发展智力的活动又是伴随着情感进行的，其效果不同于一般。所以，我对表达美的教学活动非常重视，经常以美的事物为题材，结合阅读教学进行短小的、大量的句和段的训练，结合作文教学更充分地进行篇的训练。

1. 激起表达美的欲望

表达美的感受是一项创造性的劳动，充分调动学生表达美的主观欲望尤为重要。孔子说过："知之者不如好之者，好之者不如乐之者。"这句话是很有道理的。大凡是对作文望而生畏的学生，是不可能写出好文章的。要激发表达美的欲望，前提条件是充分地感受美的事物。感受越充分，提供的想象和思维的材料越丰富，学生表达美的欲望也就越强烈。为此，我常常把观察、感受、表达三者结合起来，使创设的情境既是感知的客体，又是生动的语言环境。校园里的花儿开了，学生每日从花圃边走过，但并不是每个人都能充分感受到其美的。我便请老园丁向他们介绍校园里花儿的名称和特点，再引导学生观察花的色彩和姿态。通过引导，孩子们像蝴蝶和蜜蜂似的飞到花圃里去了。清晨，他们在花圃旁边看着刚睡醒的花儿沾着晶莹的露珠，迎着朝霞开放；课间，他们呆立在花圃旁看蜜蜂和蝴蝶怎么在花丛中采蜜，传花粉。有一个学生，久久地站在蝶恋花旁，我问他观察到了什么，他说："我知道蝶恋花蝴蝶恋它，那么蜜蜂恋不恋它呢？我看见蜜蜂也在上面飞来飞去，原来蜜蜂也爱蝶恋花。"学生看到校园里的花儿色彩各异，姿态万千，禁不住把脸贴着花儿，心里美滋滋的。有个学生双手捧着花儿闻了又闻，谁知沾了一鼻子的花粉，他竟舍不得擦掉，翘着鼻子跑来告诉我："李老师，你看，我都变成小蜜蜂啦！"学生沉浸在鲜花盛开的美的情境中，深深地感受到校园里花儿的美。他们胸中已经装了不少美词、美句、美的形象。"情动而辞发"，学生已处于一种跃跃欲试、呼之欲出的状态。作文课上，稍经指导，就水到渠成，他们谁也没有愁眉苦脸，个个表现出乐陶陶的神情。

2. 教给表达美的方法

有了表达美的欲望，教师还必须给予方法上的指导，帮助学生做好表达。美育和智育总是相辅相成的。要提高审美能力，就需要学习文化，增进知识。表达美的感受，首先要有一定数量的词汇。我经常有意识地凭借创设的情境，引导学生运用学过的词语。从学生刚入学的第一个学期起，我就帮助学生积累词汇，有计划地教给他们一定的句式和修辞手法。《放风筝》（小学《语文》课本第六册）一课描绘了三种风筝在天空飘荡的美姿，我便让学生学习课文中的叙述方法，按“（ ）的风筝，（ ）地飞着，好像……”的顺序，描写更多的风筝。学生津津乐道：“有趣的大蜻蜓，稳稳当当地在空中飞着，两只大眼睛咕噜噜直转，好像在天空中寻找飞虫。”“美丽的大蝴蝶，扇动着两对大翅膀，仿佛在花丛中采花蜜。”“鲜红的大金鱼摆着大尾巴，好像在和春姑娘玩耍。”“绿色的鹦鹉，翘着小嘴，好像在向小伙伴学话呢！”……在这种既活又实的训练中，学生学习了表达方法，并感受到了祖国语言文字的美。我还把通用教材第五、第六册根据课文内容归类，把第六册教材分成“写革命艰苦岁月的”“写革命领袖的”“写英雄人物的”“写科学家的”“写动物的”“写植物的”“写景物的”“写建筑物的”和写其他方面的九个单元。这种把同一题材的文章集中的做法，便于教师从同一题材的不同角度揭示表达方法的规律，促使学生进行类比，以触类旁通，举一反三。我还通过再现情境，在表达上做具体指导。结合“植物”这一单元的教学，我带领学生去观察野花。在许多野花中，蒲公英的特点别具一格。那毛茸茸的种子随风飘去，在蓝天中飘飘悠悠，最后落在哪儿，就在哪儿生根、长叶、开花。这诗一般的情境，足以陶冶学生的情操。我便以《我是一棵蒲公英》为题，让学生作文。这个题目，实际上就是蒲公英的自述。上课开始，我在题目下面画了一棵很大的蒲公英，在圆圆的花盘上，点上一对眼睛、一张小嘴巴——那全然是一个小朋友的笑脸。学生顿觉兴奋，好像自己就是一棵蒲公英。再结合题目，他们很快就懂得这种自述的文章是用第一人称“我”来叙写的。接着我便凭借这人格化的蒲公英，创设情境，教给学生表达方法。我启发他们：“现在有许多小朋友不认识蒲公英，你准备从哪些方面介绍自己的特点呢？”学生说：“首先要介绍我的名字、我的模样。”“还要介绍我的家。”我进一步启发：“你的家在哪儿？你家里有什么人？”学生领悟：“路边、墙头、河岸都有我的家。”“野花是我的姐妹。”“小草是我的兄弟。”“土壤是我的妈妈。”接着我紧扣蒲公英种子会飞的特点，着重指导学生怎样写好“我的理想”这一段，使学生懂得“自述”的文章要抓住特点一层一层地介绍清楚，而且要抓住主要特点重点介绍，教给学生有详有略的叙述方法。最后我又启发学生回忆蒲公英种子在蓝天飞翔的情景，让他们凭借已获得的美的表象展开想象，教给他们把观察和想象结合起来的表达方法。

3. 开拓表达美的天地

既然表达美的感受是一种创造性的活动，那么给学生驰骋的天地就应该是广阔的，而不是狭小的。学生在学了《富饶的西沙群岛》《珊瑚》《海龟》（小学《语文》课本第五册）和《海底世界》（小学《语文》课本第六册）四篇有关海的课文以后，浩瀚的大海、奇妙的海底世界成了学生心驰神往的地方。于是，我凭借教学四篇课文时先后创设的情境，引导学生做一次综合性的练习，写一篇《漫游海底世界》的作文。这个题目对学生的吸引力太大了，他们简直兴奋得想欢呼起来。光怪陆离的种种幻想，使他们的小作品也闪着奇异的光彩。他们有的幻想自己已经成了一名海底探险家；有的幻想当上了海洋研究所的所长，驾驶着高速潜水艇来到大海深处；有的幻想带了激光手枪，准备到大海探险；有的幻想带了机器人、机械手，在大海深处探索。他们有的写到穿过美丽的珊瑚丛来到水晶宫，有的写到遇上了善良的美人鱼，有的写到和虎鲸大战起来……真是有趣极了。美好的理想给学生美的表达带来了多少诱惑力！这种美感的迁移又激起了学生去追求新知识的欲望，并为实现美好的理想而努力。写这样的作文，学生兴趣盎然，竟然入了迷不肯下课，学生写的最长的作文有 2 000 字。学生乐于表达、善于表达，这说明了审美教育对学生的能力和智力的促进作用。

（四）驾驭情境，诱发审美动因

人的审美活动是两种信号系统协同作用所反映的情感活动。没有情感的审美活动是不存在的。因此，诱发学生的审美动因，是审美教育成功的关键。既然审美活动是以情感为核心的心理活动，那么，诱发其动因，就要从诱发学生的情感着手。如何以情境教学的“境中之情”去拨动学生心中的“情弦”呢？中介就是教师之情。运用创设情境的教学手段，教师必须满怀热情、创设情境、体察情境、很好地掌握情境。

1. 情要真

在小学生的心目中，教师对事物所持的态度，往往是学生爱憎的标尺。教师对学生感知的客体，如果不以为美，无所谓爱，那学生怎么会感到美、产生爱呢？“没有情感的思想是冷冰冰的”，是毫无感染力的。我认为，小学语文教师特别要有一颗纯真的童心，对生活中美好的事物要像小孩子那样感到新奇和无限喜爱，努力使自己的情操高尚，要爱伟大的祖国、爱社会主义、爱我们的党、爱生活中一切美好的事物。教描写英雄的课文，我首先觉得英雄是我的榜样，自己既是受教育者，又是教育者，以自己的情感去感染学生。中国乒乓球代表团荣获七项世界冠军，我决定在作文课上让学生集体讨论，以班级的名义，给为祖国争光的乒乓健儿写封信。上课了，我郑重地报告这一喜讯。我越讲越兴奋。有个小朋友说：“李老师，您的脸都讲红了。”我说：“因为我心里太激动了。”老师的真切情意必然使学生得到极大感染。小朋友都说全班写一封信太少了，要每人写一封，还要寄上小礼物。他们有的寄上一根美丽的羽毛，愿自己变成一只小鸟，飞到叔叔、阿姨身边表示祝贺；有的在家里摘下两朵最美的长春花，一朵送给男子队的叔叔，一朵送给女子队的阿姨，愿叔叔、阿姨像长春花一样长开不败；有的寄上长江边的一块小石子，表示一个生长在长江边的孩子的美好祝愿；有的写了字，画了画，还写了诗，真是“一封信儿一颗心，小小礼物寄深情”。学生和教师的感情发生了共鸣。我想，如果自己无动于衷，学生也绝不会如此心潮澎湃。

2. 心要热

在情境中，学生能否感知到美的表象以及效果如何，在很大程度上依靠教师的精心创设。备课时，我总是设身处地地从学生的角度去考虑：学生在情境中会听到什么？看到什么？有没有美感？好不好表达？

在学生学完《落花生》一课后，我想引导学生加深对事物品格的认识，在习作中写出其内含的哲理。于是，我想到了牛。那几天是大热天，太阳火辣辣的。早晨，我戴上草帽、骑着自行车决定到田野去寻找牛，可是在郊区转了几圈都没有看见老黄牛的影子。于是，我又想到了水牛，我是多么希望在浅浅的小沟里发现那长着大角的水牛。我沿着小河岸找了好久，仍然找不到水牛。我仍不罢休，心想：老黄牛、水牛找不着，那就找奶牛，奶牛场多着呢！我一口气骑到奶牛场，老远就看到了一头头白底黑花的奶牛，看到了那瓜藤、青草等饲料和一桶桶白花花的牛奶。鲁迅先生的“我好像一头牛，吃的是草，挤出来的是奶、血”的名言在这里形象地展现着。此时此刻，我为孩子的习作找到了理想的观察客体，心里就像冬日的阳光，暖暖的。第二天，我带孩子们来观察奶牛。作文课上，孩子们用自己的笔写出了一篇篇富有哲理的小品文，他们运用美的语言表达了这一美的情境。

3. *意要远*

在审美活动中，学生需要展开想象，产生联想。要学生想得远，教师必须更上一层楼，站得更高，想得更远、更广。一次学生和书画家范曾举行联欢，作文描述的重点部分无疑是看范曾作画。但是，艺术家很讲究灵感，讲究“兴之所至”，不想先画给我看。我心里很着急，如果画无确指，如何启发学生展开想象，进行联想呢？我只得先看他画的其他历史人物。我看到他画的历史人物，一般都系着腰带，于是，我向范曾先生提出：希望他画李白时，让腰带飘动起来。他一口答应：“可以。”既然腰带是飘动着的，那么就说明李白是站着的，而且必然在旷野。备课时，我便抓住那飘动的腰带想象开了……课堂上，当李白的形象在学生眼前展现时，我就启发学生：“此刻李白站在哪儿？是江风还是山野的风吹动了他的腰带？”一个问题，把学生带进了诗的情境中。他们从画面联想到曾经学过的李白的诗里的意境，有的说，李白这时站在江边目送着孟浩然，小船消失在水天之间，说着就背起“孤帆远影碧空尽，唯见长江天际流”的诗句；有的说，李白可能站在庐山上，看着香炉峰上的瀑布作起诗来，“日照香炉生紫烟，遥看瀑布挂前川”。李白想，这像什么呢？啊，这多像“银河落九天”啊！有的想到李白可能站在江边的岩石上，望着天门山；有的还想到李白和敬亭山“相看两不厌”……

我感到，教师情真，才能以情动情；教师心热，才能点燃智慧的火花；教师意远，才能开阔学生的思路。这样就可以从审美感受开始创造美，全面诱发学生审美的动因，使审美教育收到预期的效果。

我在实践中运用情境教学，从学生感受美、鉴赏美、创造美和教师诱发美四个方面，努力去解决审美教育的基础、中心环节、根本目的和关键等方面的问题，深深感到审美教育是学校全面发展教育中必不可少的组成部分。它对于语文教学来说，不仅是教学目的之一，也是在语文教学中进行道德教育、发展智力、培养读写能力的有效手段。

我将“运用情境教学，进行审美教育”的认识写成论文，鼓起勇气投给了《教育研究》。没想到，《教育研究》竟然在 1981 年 8 月刊发了，我的欣喜和振奋是难以言说的。不久，适逢有机会去北京参加中国教育学会的会议，我便按刊物上的地址找到了《教育研究》编辑部。那完全是一种情感的驱动：究竟是怎样的一个编辑部，竟然发了一个小学教师的文章！我颤颤地叩了一下总编办公室的门，门开了，是一位 40 多岁的男同志。

他说：“您找谁?”

我有些腼腆地说：“我不找谁。”

“那您是谁?”他追问道。

“我是你们的一个作者，叫李吉林。”

“李吉林?!”他显然有些惊讶，“我们还以为李吉林是个男同志呢!”

说着我们不约而同地笑起来。

接着，他热情地对我说：“你的这篇稿子发表以后，反响很好。我们感到很有新意。”

我不免有些喜出望外，说：“是吗？非常感谢！小学老师的文章真没想到你们能看上。同志，您贵姓?”

他非常平和地说：“我叫夏宝棠。”此时我才明白，这位同志就是《教育研究》的主编。我心想，如此要人，却是这样平易近人。他接着又鼓励我：“我们还要请你继续为我们写稿。”

我点点头，之后满心喜悦地告别了夏宝棠先生。

此后不久，《教育研究》编辑部向我约稿，于是我马上就行动起来，开了几个夜车，写成《试谈小学阅读教学中的思想教育与情感陶冶》。我结合自己的教学经验，首先是准确把握教材中心，进而从教材语言着手，并从感受形象出发，以教师的真情激发学生的情感，揭示陶冶学生情感的途径。

二、运用情境教学，进行思想教育与情感陶冶

儿童的心田是一块奇异的土地，教材为我们提供了金色的种子。教师应该及早地在儿童的心田里撒下这些闪烁着思想光辉的种子，让它们开花结果。我们在语文教学中，应该在使儿童掌握语文工具的同时，切实对他们进行思想教

育，充分发挥语文学科的教育作用。这不仅是培养全面发展人才总目标的需要，也是提高语文教学质量本身的需要。

（一）准确把握教材的中心

小学阅读教材中思想教育的内容是很丰富的，它的题材包含了丰富的人文性，但是就每篇课文而言，又各有其个性。因此，无论是通过阅读教学进行思想道德教育，还是进行语文知识的教学，都需要首先准确地把握教材的中心。主题是教材的中心，因时代特点的不同、教师着眼点的不同，可从不同的角度去理解。因此，准确地把握教材的中心，就显得十分重要。一般可从作者的思路、编者的意图、时代的特点三方面进行探求和推敲。

首先，把握作者的思路。作者每写一篇文章，都有自己创作的动机，或着力阐述某一观点，或抒发某种感情。正如叶圣陶先生所说："作者思有路，遵路识斯真。"要把握作者的思路，就必须从文章的选材、所塑造的人物形象和结构布局、遣词造句入手，弄清作者歌颂什么、反对什么。不过，作者的思路在作品中的表现很不一致，有的较"显"，易于掌握；有的较"隐"，难以捉摸。《月光曲》（小学《语文》课本第七册）就属于后者，需要我们细细琢磨。这篇课文写的是贝多芬创作著名的月光奏鸣曲的一个动人传说。作者写这样一个传说，想告诉读者什么呢？文章的重点部分，是作者用笔墨最多的地方，我们往往可以从这里窥见作者的思路。我想，如果作者认为贝多芬想抒发心中的不平，为什么要描写莱茵河畔这宁静的月夜，以及那联想中的大海上的明月呢？又为什么要写这月光映照下的盲姑娘呢？穷兄妹听了这抒发不平之情的乐曲为什么没有伤感和激愤之意，却是"恬静"，是"眼睛睁得大大的"，是"陶醉"呢？经过一番揣摩我认识到，作者之所以描写这样的情景、这样的画面，是表达了贝多芬用自己的音乐，把穷苦的盲姑娘带到一个自由、美好、光明的天地中的愿望，并以此告诉读者，贝多芬对穷苦人民寄予的深切同情。我想，对中心这样的理解，比较符合实际。贝多芬也说过，"我的艺术应当只为贫苦的人造福"，"当我能接近这地步时，我该多么幸福啊！"

其次，理解编者的意图。理解编者的意图，对于准确把握教材的中心是十分必要的。《三味书屋》从题目到参考资料的说明，似乎都是介绍三味书屋这个有纪念意义的处所。但是翻开鲁迅先生的《从百草园到三味书屋》，可以发现其中有关三味书屋的叙述大体和改写后的教材相似，但唯独没有关于鲁迅先生课桌上“早”字的来历。那么作者在改写时，为什么要补上这一事实呢？我想这绝不是兴之所至。这就很有必要同时理解编者的意图了。编者将此篇与《我们就从这里出发》一诗组成一个单元，就不难看出《三味书屋》这篇课文的中心应该是赞颂鲁迅先生从少年时代起就刻苦磨炼时时早、事事早的进取精神。除了从单元的组合看编者的意图外，还可以从书后的习题、基础训练的有关内容等方面弄清编者的意图，从而准确地把握教材的中心。

最后，结合时代的特点。通用阅读教材中，还选编了一些名家名篇。在教学这类作品时，既要从作者写作的背景出发，又必须结合今天时代的特点，审慎地确定中心。巴金的《海上的日出》写于其 1927 年赴巴黎留学途中。巴金当时写的这篇作品虽是寄给哥哥的，但文中流露了他对光明的向往，寄予了愿“不幸的乡土”能从黑暗中见到光明的思想情感。而如今，社会主义祖国正像初升的太阳，前途一片光明。我们就不必局限于作者当时创作的意图，而要根据今天学生的认识水平和教育的要求，以描绘自然之美为中心，侧重培养学生的审美能力，陶冶学生高尚的情操。

这样从作者、编者、时代三方面把握教材的中心，就更为准确些，就更切合实际些。把握了教材的中心，每一篇课文对学生进行思想教育的侧重点也就随之而明确了。

（二）从教材语言着手

小学语文课程标准指出：“工具性与人文性的统一，是语文课程的基本特点。”国外也有一种流行的说法，即阅读是领会书面语言的意义，从中获得思想的程序。我国自古以来就有“文以载道”之说，后来又有“文道结合”的提法。总之，“文”与“道”是辩证统一的关系。因为，阅读教材中的形象和思想感情，不能像图画和电影那样直接作用于学生的感官，而必须经过语言的中介。学生只有理解了语言，才能感受到教材的思想性。这就需要：

首先，处理好教材的逻辑关系。教材在表现中心上往往呈现出一定的逻辑关系。归纳起来，大致有动静关系、点面关系、矛盾关系、对比关系、表里关系、因果关系等等。为了使语文知识的教学和思想教育更集中地进行，有必要在把握教材中心的基础上，进一步处理好教材的逻辑关系。这里的逻辑关系是动静关系，一般从静态中突出动态，以动态为主，因为动态是发展着、变化着的，它是作者思想感情起伏的踪迹。是点面关系，着力抓“点”，所谓“点”，一般是典型事件或典型人物，它是最能表现教材内在的思想性的。是矛盾关系、对比关系，根据中心抓好矛盾和对比的主要方面。是表里关系，宜着力于“表”，因为儿童对事物的本质，即“里”不易理解，若忽略其“表”，单刀直入抓“里”，则只能是生吞活剥，适得其反。寓言的教学即属此类，教学时只有把寓言本身讲读充分，寓言的教训才能真正为学生所接受。因此，着力于“表”，还是为了由表及里，使学生更好地理解事物的本质。是因果关系，重在“因”，不在“果”，因为事情的结果，往往是学生容易理解的，无须多讲，只有搞清楚事物的原因，才能从中得到更多的启示。这样弄清教材的逻辑关系，才有利于我们在教学中处理好“文”与“道”的辩证统一的关系。

其次，抓重点词句的教学。中心明确了，逻辑关系分清了，教材中的重点字词句段就随之显露出来了，教学时轻重也就有了分寸。所谓重点字词句段必然是牵动全篇的，应着力教好。叶圣陶先生指出：“内容方面固然不容忽视，而方法方面尤其应当注意。”但是由于教材的表现手法各异，怎样教好，并无定法，须从具体教材出发，根据教材特点考虑教法。可以采用创设情境以及设疑、点拨、推导、比较、讲解等多种方法，让学生理解重点字词句段，并从中接受思想教育。一般来说，对形象鲜明的句段，可引导学生展开联想，进入情境，在具体的语言环境中理解教材语言，体会课文的思想感情，并发展学生的想象力；对难度较大的词句，可采取设疑的方法，引导学生通过对课文内容的理解来“答疑”，从而激发学生的积极思维，使他们深刻了解课文中心；对学生易于理解的词句，则从表现课文中心的角度加以点拨，使学生加深对课文的理解；对在内容上逻辑性很强的句和段，则引导学生进行推导，弄清其间的逻辑关系，从而理解课文中心，并训练学生的逻辑思维能力；对一些学生不大能体会的词句，可以让学生和同类的词以及事物加以比较，通过比较，使教材中心更为鲜明，并训练学生的差别感觉。在实际教学时，或采取其中一种方法，或交叉使用几种方法，并和学生的朗读、默读以及说话训练结合进行。例如，《三味书屋》中关于鲁迅先生在课桌上刻的“早”字的两个比喻，学生理解起来有一定的难度，可以这样设疑：“作者为什么把这个‘早’字比作含苞待放的花骨朵，又比作小巧玲珑的火把呢？”问题提出来后暂且搁一搁，待学生懂得了“早”字的来历和其对鲁迅先生一生的影响，再来理解“早”字是花骨朵儿就会开出鲜花，是火把就会熊熊燃烧，发出光和热的喻义。《我要的是葫芦》这一则寓言中，关键字眼是一个“盯”字。对此，学生易于理解，教师便可以采取点拨的方法，引起学生的注意。课文中说“他盯着葫芦”，为什么用个“盯”字，用“看”怎么样？这样一点、一比，使学生对种葫芦人看问题的片面性就理解得比较具体了。《小音乐家扬科》形象鲜明，可以采用创设情境的方法，将创设情境和说话训练、表情朗读结合起来，再加以必要的点拨，学生就不仅能够理解教材的语言，也能体会到蕴藏在字里行间的感情了，所谓“作者胸有境，入境始与亲”。

最后，落实必要的语言训练。阅读教学在对学生进行思想政治教育的同时，不仅要教给他们语文知识，更要发展他们的智力，培养他们理解和运用祖国语言文字的能力。知识、能力、智力以及情感、意志的教育是一个有机的统一体，需要围绕课文的中心，对照大纲规定的各年级有关培养能力的具体要求，落实对语言的理解和运用；并要通过学生自己的语言实践，加深他们对课文中心的理解。《平平在家里》（小学《语文》课本第四册）向学生提出了“一个真正的少先队员在家里应该怎么做”的问题。课文在这方面并未做正面的叙述，只是以启发性的结尾让小读者自己去思考、实践。可以针对学生在家里的表现，抓住这个结尾启发学生想象：“平平在听了妈妈提出的‘一个真正的少先队员在家里应该怎么做’的问题后，他可能会怎么想，怎么做？你能把故事继续说下去吗?”学生很感兴趣，有的说：“有一天，奶奶在厨房里喊：‘平平，快来帮奶奶提桶水。’平平连忙回答：‘哎——，奶奶，我来了！’说着拿起水桶三步并两步地提着一桶水送到奶奶面前。奶奶看见平平进步了，笑眯眯地说：‘孩子，这就像个少先队员啦！’”有的还说到平平怎么照顾妹妹。学生说得很起劲，看得出他们已经把自己的愿望迁移到平平身上去了。这一方面可以训练学生的想象力、口语表达能力；另一方面可以为学生树起一个正面形象，激发学生去追求、去仿效。这也是一种为了加深对课文主题的理解而做的补充情节的训练。有时学生不易掌握教材的中心，教师可通过提示，引导学生做一些辅助性的训练。例如，对于《小马过河》一课的寓意，让学生自己说出有一定的困难，可以给以提示，通过句子训练帮助学生说出。

除了听、说、读的训练以外，还有必要结合阅读课的内容进行一些写一句话、写一段话、写一篇短文的练习，以加深对课文主题的理解。比如学《月光曲》时，就可以使学生进一步体会贝多芬对穷苦人民的同情，陶冶学生美的情操，并可以结合“读写例话”中提出的“事物和联想”的要求，让学生想象贝多芬回到小客栈追记《月光曲》的情景，当堂写一篇短文，帮助他们从不同的角度理解课文的中心。

这样，围绕着教材中心处理好教材的逻辑关系，从教材语言着手，在理解和运用语言的过程中对学生进行思想教育。事实上，也只有从教材语言着手，才能较好地完成“文”与“道”两方面的任务。

（三）着眼于情感的陶冶

阅读课上思想教育的最终目的，是促使学生树立正确的世界观，这就要求我们十分讲究思想教育的实效。

小学阅读教材有10册，共367篇。其中，童话、寓言、故事238篇，诗歌49篇，文艺性散文56篇，这些以文学形式出现的课文占课文总量的93.5%。而议论、说明体裁的课文10册仅有24篇，占课文总量的6.5%。这样的比例说明，小学阅读教材主要是通过形象来帮助学生认识世界、学习语文的。教材上的特点就决定了我们在进行阅读教学时要重在形象的感染。因为形象是具体的，是儿童的感官容易感受到的，只有通过形象来感染学生才能诱发学生的情感。引起学生情感的共鸣，可以说是思想教育最有效的手段。伟大导师列宁说过：“没有‘人的感情’，就从来没有也不可能有人对于真理的追求。”一个革命者，如果没有出自对劳苦大众深沉的爱，对于反动统治者切齿的恨，怎么会有为革命事业甘洒热血的壮举呢？一切的道德行动，都是与道德的情感相伴而生的。若忽视情感的教育，那么阅读教学的思想教育必然是空洞的说教、抽象的概念。而空洞的说教、抽象的概念是无法打动儿童心灵的。相反，却会导致儿童思想僵化、智力迟钝。

首先，从感受形象出发。世界是通过形象进入人的意识的，对于儿童更是如此。儿童的年龄越小，鲜明的形象对于他们的思想影响就越强烈。别林斯基说：“哲学家用三段论法，诗人则用形象和图画来说话。”小学语文教师也应该学习诗人的做法，用形象和图画来说话。换句话说，我们的做法应该是“显示形象”，而不是“阐述观点”。因此，对那些情深感人的、联想丰富的、充满美感的课文，也就是形象鲜明的、有情有境的课文，可以运用情境教学法，通过图画、朗读，描述情境，使学生如临其境、如见其人、如闻其声，从中受到感染，从而在思想感情上受到潜移默化的影响。例如，在讲《草地夜行》时，为了对学生进行革命传统教育，在上课开始时，可以用描述的语气简要地介绍草地沼泽多、没人烟的特点，以及红军当时干粮已经吃光，只得吃树皮草根的艰苦情况，为学生进入情境渲染一定的气氛。在学生自学全文，轻读一、二两节后，再引导他们闭上眼睛想象：“眼前出现了一片怎样的草地？在草地上走着一个什么样的小红军？他一个人在草地上怎样走着？”提示学生抓住课文中“茫茫的草地”“空着肚子”“拖着僵硬的腿”“一步一挨”等主要词语，让他们通过自己的阅读、描述、想象进入情境。孩子的想象展开了，他们的情感也就被激发起来了。这样从感受形象出发，要比提出几个“老红军为小红军牺牲了自己说明了什么？我们应该向老红军学习什么？”这看上去思想性很强的问题，并对这些问题进行分析更切合实际些，学生的感受要更深些。“范例胜过训诫”，榜样在道德情感的形成过程起着十分重要的作用。在阅读教学中，让学生感受形象，尤其要结合教材充分感受领袖人物、英雄人物、先进人物的高大形象，可以说是阅读教学中思想教育的核心部分，因为通过道德榜样进行教育是符合儿童心理特点的。形象帮助儿童展开想象，想象又紧密联系着情感。这就会使学生的智力活动形成情绪记忆。正如苏霍姆林斯基指出的那样，这种情绪记忆“不仅有思想，而且有情感和内心感受”。这样从感受形象出发，无论是对学生情感的陶冶，还是对教材语言的掌握，其影响都是深远的。

其次，以教师的真情实感激发学生的情感。在让学生感受形象的过程中，教师的情感对学生内心体验、情感的诱发是非常重要的外部条件。学生情感是在认识对象的过程中产生的，而教材中的形象、教师的情感都是学生的认识对象。因此，要表达作品的情感，教师一定要饱含着情感。领袖人物、英雄人物、先进人物是儿童的榜样，也是我们教师自己的榜样。备课时，教师要先从感受形象出发，使教材中高大的人物形象展现在自己眼前、活在自己心中。记得我教《珍贵的教科书》时，当读到课文中的“我”扑到指导员身上大声地喊“指导员……指导员……”时，我自己也很动情，我觉得自己也在全身心地呼唤着指导员。所以，孩子们也和我一起进入了情境，他们读着读着，不禁热泪盈眶。倘若我以一个教育者的姿态出现，而自己在情境外，学生是不可能进入情境的。这样我把自己置于一个既是教育者，又首先是受教育者的位置，内心的联想丰富了，感情也就真挚了，对教材的领会也更深一些了。在陶冶学生的情感方面，要特别注意结合描写祖国的壮丽山河、悠久历史以及新中国成立后的新成就，把自己的爱国之情熔铸在教学中，对学生进行爱国主义教育。对我们社会主义祖国的热爱，应该成为每个学生重要的精神支柱。一个人有了爱国心，他就会为祖国的贫穷落后而发愤、为祖国的繁荣兴盛而骄傲，就有可能由此而树立起对党、对共产主义的崇高信仰。

最后，用高尚的情感引导儿童形成正确的观念。儿童的情感很容易被激发出来，但是阅读教学中的思想教育还不能仅仅停留在情感的产生上。因为儿童的情感不是永恒的，它是在认识过程中产生的，也会随着认识的变化而变化。因此，有必要在产生情感的基础上有意识地引导学生形成正确的观念，即要寓“理念”于“情感”之中。“情”和“理”是互相联系、互相渗透的。针对儿童的特点，在阅读教学的思想教育中要着重对情感进行陶冶；但也正是因为儿童情感发展的不稳定性，所以又必须重视从“动之以情”到“晓之以理”的过渡。这样，学生的情感就会持续和深化下去。但是，这种从“情”到“理”的概括，自然离不开语文的特点，必须始终伴随着形象，而且必须在激发情感的过程中为形成正确的观念层层铺垫，才会水到渠成。比如教学《小音乐家扬科》，当讲到小扬科因为看小提琴而被地主管家毒打致死时，可以抓住作者对小扬科眼睛的刻画，启发学生思考“小扬科被地主活活打死了，他分明是死了，为什么还睁着眼睛？如果他还能说话，他想说什么？他要说什么?”，以帮助学生从“情”向“理”过渡。学生在深切同情小扬科的同时，就会产生对吃人的旧社会剥削制度的恨，就能从“情感”走向“理念”。这样，旧社会剥削制度残酷、社会主义制度优越的观念就会更加明确地在学生的思想上形成。

此外，在情感教育中，美感教育的作用是不可低估的，美感教育会促使学生在审美感受的基础上形成道德观念，有助于学生的道德情感向道德观念过渡和发展。因为美感教育是儿童易于接受和乐于接受的。所谓“寓教于乐”，这是美感教育的最大特点。学生在由“情”导向“理”的过程中，则通过是非的判断、美丑的辨别，培养对美的鉴赏能力，逐渐形成正确的观念。这样就可以使学生从具有道德情感（包括审美情感）发展到具有道德观念（包括美的鉴赏），又从道德观念发展到见诸道德行为。

论文在刊物的发表使我意识到，一个改革者，必须及时总结自己改革的心得；情境教学的路要走下去，必须要有自己的理论概括。因而，我创作的热情愈发高涨，“学、思、行、著”四个字成为我的试验不断向前发展的经验。其中，美学的学习丰富了我的教学观，我越来越感觉到美感性是教学过程中不可或缺的原则，为儿童发展找到了理想的突破口。美的教育功能是全方位的，美能激情、美能发辞、美能冶情、美能育德；美不仅可以让儿童主动学习，还可以丰富儿童的精神世界；美的教育不仅可以为儿童的未来做准备，还可以让他们感受到最初的幸福。

三、情境教学的重要原则：美感性

爱美是孩子的天性，这种天性是不需要外力推动的。心理倾向显示出一种趋向某一个目标的“力”，影响着孩子的表象、联想、情感及行为动作。其实，一切富有美感的教学过程，也无不显示出美的驱动力的作用，无不产生着美对儿童情感与智慧的滋养和润泽。

教学活动原本是智慧与情感融合在一起的活动，是人类追求文明的活动。教学的这一本质属性决定了教学不能没有美。我们的教学对象正是一群天生爱美的儿童，我们的教材更是从不同侧面显示着、蕴含着自然之美、社会之美或艺术之美。我们的教育目标又是促进全体儿童素质的全面发展。因此，教学理应充分地体现美、利用美。教学实践已表明，无数成功的教学，一切深受学生欢迎的课堂，无不体现了一个“美”字，“美”也无处不在地影响着学生的情感、智慧、身心的发展。幼小的心灵需要美的滋润，儿童的智慧活动需要美的激活，教学的高效需要美的推动。总而言之，孩子的发展不能没有美。而我们的教学应当倡导一个原则，那就是美感性。

原因之一：教学不仅为了学生学习，还为了学生主动地学习。

教学需要美，但是现实中我们的教学却常常忘却了“美”、远离了“美”。我在心里常常想：美，该是教育的磁石。这块磁石就在我们老师备课笔记的旁边闪烁着光亮，拿起或放下，教学的效果就大不一样。多少年来，我们的教学忽略了“美”的功能、“美”的力度，仅以单纯“告诉”的方式推进教学过程。“教师”与“学生”的分工是“教师把知识告诉学生”，“学生则把教师讲的知识听好、记住”。这样的教学恰恰是丢弃了那块宝贵的磁石——美。缺乏美感的教学，便成了没有色彩、没有生气、没有情趣的单纯的符号活动，那必然是枯燥无味的。孩子生来具有的审美需求没有得到满足，从何产生愉悦的情绪，从何产生主动地投入教学过程的“力”呢?！没有主动投入教学过程的“力”，教学的主体性又如何体现呢?！

原因之二：教学不仅为了学生知识的习得，还为了学生精神世界的丰富。

我们的小学教育从某种意义上来讲，是帮助儿童学习、熟知人类积聚的文化遗产，从而了解人类文明史的进程，体验人类文明的光辉，让儿童从中获得人类创造世界的精神力量和知识，并使其最终转化成儿童内心的精神财富，使儿童的精神世界日益丰富起来。这该是一个多么丰富而具有深远意义的教育目标，是教育的一种多么美好的境界。但是单纯的符号活动、众多的习题、频繁的考试，并不能转化成儿童的精神财富。我曾在中国教育电视台看到诺贝尔奖获得者杨振宁教授在中国所做的题为《美和物理学》的学术报告，该报告生动地阐述了几代物理学家研究理论架构给人的一种“庄严感、神圣感”，显示了“崇高美，心灵美”，是“造物者的诗篇”。一个物理学家的风格、审美情趣直接影响着他研究的目标以及对世界的贡献。可见，“美”影响着人生，影响着学术，创造了世界。事实上，无论是文科还是理科，都是“美”的结晶。人类文明史的精神财富渗透着人类创造美的智慧和血汗。学科本身渗透着美，蕴含着美。我们怎么能把生气勃勃的教学活动串成问答、缩成概念、编成习题呢？为了使儿童的精神世界在教学过程中得到充实，教学过程怎能丢弃美而单纯进行知识的教学呢?!

原因之三：教学不仅为了学生的未来，还为了他们能获得最初的幸福。

我们常说，教育是明天的事业。但从严格意义上来说，教育也是今天的需要。我们的孩子每日走进学校，参与教学过程，从他们的内心讲，这不仅仅是为明天的辉煌做好准备，而且也是今天童年精神生活的需要。儿童作为一个人，他的童年是人生最初的阶段。他们纯真、无虑、可塑，因而他们可以获得更多，吸收得最快。教学活动从更高境界来说，同样应该是对童年生活的享受，让儿童享受到人生最初阶段的属于自己的欢乐，而绝不是“劳役”，更不是“苦役”。“为了你明天的幸福，你今天就得吃苦”这类天经地义的训话，现在看来似乎不能讲得那么理直气壮了；况且，我们的教学倘若能给孩子一种获得美的享受，那么，这对儿童明天的发展必将产生深远的、积极的影响。缺乏美感的教学、单一枯燥的教学已经落后于时代对教育的要求，落后于人们精神生活的需求了。其效果与今天素质教育的目标相去甚远。

在素质教育日益深入课堂教学的今天，我直觉地感到，从“美”着手，体现教学的美感性，让儿童从小受到美感的陶冶必有利于完美儿童的人格，由此也可走出一条实施素质教育的路来。

美的教育功能是全方位的。

美能激智。教学的美感性，让儿童不断地获得丰富的表象，儿童常常处于“言有尽而意无穷”的境界中。伴随审美的愉悦，儿童幼小的心灵无拘无束，儿童的思维在笼罩着美感的情境中自由驰骋，处于积极的、最佳的状态，极力想超越经验的世界。儿童在对美的追求的驱动下展开想象，开发潜在的创造力，同时，这也有效地培养了儿童的直觉和悟性。

美能发辞。教学的美感性讲究形象的鲜明，从呈现美感，唤起儿童审美注意的状态，引起审美兴趣和需要，促使儿童将眼前形象与贮存的词语相沟通，激起表达欲望。在语言动机的驱动下，它有效地提高了儿童语言表达的技巧；另外，教学手段美而简约，形成审美客体的朦胧感，教师富有美感的教学语言的主导，能激起儿童的想象。物境的朦胧感使想象飘忽，从而提供了语言多义的有利条件，使儿童语言更为丰富多彩。

美能冶情。由于美感性教学的可感知性、愉悦性，儿童非常乐意接受，从而产生积极的情绪反映。当儿童持久地、多方面地获得美感，就会一次又一次地产生对客观现实的美好的情感体验。随着这种体验的不断深化，教师可逐渐培养儿童的审美情感、道德情感、理智情感。这样，作为人类高级情感的素养就可得到陶冶。

美能育德。教学的美感性使儿童形成对美的追求，把美好、崇高的境界作为追求、向往的目标。而求美的目标必然影响着儿童道德意识的形成和儿童的行为准则。爱美必然择善而行，“从善”必“弃恶”，“爱美”必“痛丑”。所谓“知美丑”“识善恶”。有了对“美”与“丑”、“善”与“恶”的爱憎分明的态度，良好的道德品质的培养就有了情感基础。

教学实践表明，教学的美感性已经在不少教师的课堂上显示出来，并且发出了美丽的光彩。体现教学的美感性，已经成为众多第一线教师的共同需求，在此着力倡导，是希望广大的教师达成共识，共同实践。

那么如何体现教学的美感性呢？主要还是要从教学内容、教学手段、教学语言、教师仪态等方面去体现。

（一）显现美的教学内容

在小学 40 来年，我深深感到无论是语文还是数学等学科，都蕴含着美。譬如，英国哲学家罗素就说过，数学是一种“冷而严肃的美”。“蕴含”意味着藏在里面，如不注意显示，教学内容就可能远离美感。教学是为了儿童，为了儿童的发展，因此，教学活动除了教给儿童知识、完成认知的任务，还应包含着关于智力的、意志的、审美的、道德的内容，而这些内容又都是在完成认知任务的过程中协同进行、综合完成的。这就需要一种融合剂，而教学的美感性不仅有利于在学科中进行审美教育，而且可以将促进学生素质发展的诸要素非常紧密地融合在一起。例如，教“平行四边形”时，如果仅告诉学生什么是平行四边形，平行四边形的计算公式是什么，然后进行练习计算，那这便是最常见的离开了生活的、纯认知的、很难有美感可言的教学。从教学的美感性来设计这堂课，首先应考虑平行四边形计算公式本身。平行四边形是人类智慧的产物，是创造美的结果。教这一课就应再现人类研究、创造出平行四边形公式的最初情境，让学生体验人类文明发展进程中生动的一幕，以充分显现教学内容的美感。教学过程一步步显露教学内容的美感性，给教学过程带来了生机、带来了推动力。老师可首先启发学生：“人类研究长方形的计算公式，经历了约 1 万年，而后来研究平行四边形的计算公式，却仅用了 50 年的时间。显然，人类是从长方形的公式中得到了很好的启示。”这几句话看似简单，却展现了人类创造这两个几何面积计算公式的历程，包含着逻辑之美、创造之美。接着让学生担当角色：“现在就请你们做古代数学家，假设这屋前有一块平行四边形的地，要你想出方法计算它的面积。”于是我们在课堂上看到这些“古代数学家”拿着长方形、平行四边形的图形，摆弄着、切割着、拼接着，在古典民乐的典雅的节奏中，他们专心思考、小声议论、大胆猜想，终于发现：“我们可以运用长方形计算公式来计算平行四边形，只是这是不是也叫‘长×宽’呢？”学生边说边演示，教室里沸腾了。“公式”不再是老师告诉的，而是通过担当向往的角色后自己发现的，这样运用起来就倍感亲切而较难忘记。学生不仅能理解公式、运用公式，而且培养了探究精神，初步体验了人类文明史的进程，所有这些正是由“美”黏合起来、浑融一体的。可以说，显现教学内容的美感，是教学具有美感的第一要素。

教学如果缺乏美感性，没有从求美的角度显现出教学内容蕴含的美，教学就会黯然失色。我们不妨再看一节二年级小学语文课——《数星星的孩子》的教学。课文最后一段写张衡听了爷爷讲的有关星星的知识后“一夜没睡好，几次起来看星星”，课文描写的情景非常美，但是老师却舍弃教学内容本身蕴含的美感而抽象分析：“张衡听了爷爷的话为什么没睡好觉？”“他为什么要几次起来看星星？”最后提出更严肃的问题：“大家想想，你们应该怎样学习张衡？”一串问题几根筋，使这篇富有美感的课文被老师教得索然无味，学生也答非所问。而我们的语文课常常习惯于做这样的分析，如此课复一课、年复一年，对于能否充分发展学生的素质，确实得画上一个疑问号。倘若从显现美的内容这一角度思考，那就会让学生感受张衡入睡在床上，心惦着爷爷的话，一次又一次起来，在静夜里细细观察星星的情境。有了这种美的感受，学生便会为张衡热爱天文、刻苦钻研的精神所感动。教材中从牛顿到爱因斯坦、从张衡到哥白尼、从贝多芬到徐悲鸿、从毛泽东到邓小平、从黄继光到刘胡兰……都向学生展示了美的光辉形象。只有让学生感受美，感受形象的美、语言的美、行为的美，学生才能从中领悟到人格的力量、伟大的精神，并将其深深地烙印在他们幼小的心灵上。

（二）选择美的教学手段

教学手段的运用，我认为主要取决于教师对教学境界的追求。只有追求美，才能努力再现教材之美。教学手段实际上是一种媒介，通过它再现、强化、传递教学内容，实现教学目标。要使教学手段给学生以美的感受，就得让学生能看得到、听得见、摸得着，从而在其间产生一种愉悦之感。因而美感总是通过人的视觉、听觉、触觉具体感受的。没有学生感知的兴奋，就谈不上美的感受。所以我非常赞同近代学者王国维先生提出的，他的“境界说”的一个重要因素——“能观”。因为“真正之知识唯存于直观”，“一切真理唯存于具体的物中”。既是具体的，必是能看到的，也是应该看到的；只有看到了，感受才是真切的。当然这“看到”，或是真实地看到，或是仿佛看到。这对凭借形象认识世界的儿童来说，该是何等的重要！所以我曾经提出“让艺术走进教学”。“美”不仅属于艺体学科，同样属于语文、数学、科常、思品等传统学科。因为艺术是“直观”的、是“能观”的。图画本身是空间中的静态美，音乐是时间中的动态美，而戏剧则是生活时空中动静结合的美。教学的美感性，正是可以通过图画、音乐、戏剧这些艺术的直观与老师的语言描绘相结合，来再现教材描写的、表现的、蕴含的美，要让学生经历作家创作时或编者撰写时进入的那个情境。这样图画中的色彩、线条、形象，音乐的节奏、韵律与教材所表现的、所阐述的、所涉及的相关情境是相吻合的、协调的。

例如，在教《桂林山水》这一篇描写祖国河山美的散文时，若仅仅是通过内容的分析、词语的解释以及一道道没有实际价值的习题的抄练等抽象的、缺乏美感的教学手段，就要使学生在进行认知活动的同时获得智慧的启迪、情感的陶冶，那是很难的。而美感性的教学运用直观的艺术，学生得到的就丰富多了。当老师创设“假想旅行”的情境把学生带入桂林时，老师描述着：“到了桂林，呈现在我们眼前的山光水色，就像一幅图画。”随即老师出示一张放大的课文插图，学生带着追求美的目光，欣喜地看着、入情地听着，老师以导游的身份范读了课文。为了让学生感受漓江宁静的美，老师把情境延续下去，并加以强化：“漓江畔，有好些小船正等着我们呢！老师和你们一起坐上小船，轻轻地摇荡在漓江上，那真是‘荡舟漓江’，让我们眯着眼看看这图画般的美景，想象漓江的水怎么静得都不觉得它在流动呢。”学生轻轻地哼起《让我们荡起双桨》的曲子，视觉感受的是美的图画，听觉、运动觉感受的是优美的乐曲，音乐的旋律丰富了视觉的感受。在这优美的情境中，学生悄然展开想象，稍倾，老师悄声地问：“你们听到漓江水流动时哗哗的声音了吗？”“听到漓江淙淙的流水声了吗？”学生在此柔美的情境中，不想高声语，只是轻轻地摇了摇头，沉浸在漓江宁静之美的体验中。教学手段的美感使学生身临其境。学生体验到了课文的意境，感悟到了课文语言的神韵，其热爱祖国河山的情感得到了一次陶冶。正是由于美感的作用，学生才兴致勃勃地读着课文、品尝着语感，主动地甚至是忘我地倾向教学过程，这种学习活动是美的享受。又如在低年级思想品德课中要对学生进行尊老、爱老的教育，老师倘若用讲解、告诉的手段，必然收效甚微。假设老师通过师生扮演角色，运用戏剧的直观，创设“我想奶奶”“我和妈妈去商店为奶奶准备礼物”“我和妈妈乘车去乡下看望奶奶”“我看到了奶奶，向她问好，同她交谈，帮助奶奶做事”等一系列场景，并进行行为训练，那么这不仅体现出内容美，也体现出形式美。这样的学习不仅培养了孩子对老人的亲近感，而且使孩子感悟了“应该关心老人”的道理。这样借助美也可使思想品德课走出一条“克服说教”，“重在陶冶与实践”的新路。正如马卡连柯所说的那样：既然每个人先天固有的对美的追求是最好的动力，那么利用它就可以使人变得文明。不仅如此，教学手段的美感性，使所呈现的画面、形象，连同整个情境作用于儿童的感知觉，这样儿童多种感知觉的综合与丰富，又必然会丰富儿童的表象，激活儿童的思维、联想、想象、情感的活动，这是“一举多得”，其益无穷。

（三）运用美的教学语言

美的教学内容、美的教学手段都要凭借富有美感的教学语言去体现。教学语言对儿童感觉的活动、思维的活动、情感的活动都起着主导与调节支配作用，儿童心的琴弦，往往是由美的教学语言拨动的。老师语言表达得美与否，效果是大不相同的。对老师的语言，学生可以是无动于衷，也可以是感动不已；可以是味同嚼蜡，也可以是如饮甘泉。例如，《太阳》是一篇说明文，本身没有形象、没有情节、没有人物活动，但是这个给人类带来光明的、生气勃勃的天体，本身便是美的。老师便从学生已经获得的关于太阳美的表象，组织语言将学生带入一个新的、令人神往的境界："太阳，我们每天都会看到。早晨，它从东方升起，把光明带给大地；傍晚，它从西方落下，黑暗便来临。太阳对我们来说好像是熟悉的，其实又是很陌生的，因为对太阳的真实情况我们知道得还太少，需要一代又一代的科学家去研究它，揭开它的奥妙。"学生听着、听着，若有所悟，老师富有美感性的教学语言让他们感到亲切而愉快，同时又不知不觉地产生了对太阳真相的神往，使他们带着一种理性的探究热情，投入教学过程。美的教学内容、美的教学手段都要凭借富有美感的教学语言来表现。由此可以断言，如果老师的教学语言缺乏美感，那就很难让学生感受到教材之美，没有美的感受，又怎么产生感动？苏霍姆林斯基指出，"用人类教育最微妙的工具——言语去触及人的心灵最敏感的角落"，"教师的言语成为强大的教育手段"。具有美感的教学语言往往是再现了教材描写的美的情境，或是联系了学生生活经验，激发了他们的美感；或是利用学生联想、想象，将他们带入向往的境界；或是引导学生对美进行实质的理解、对教材语言进行美的鉴赏，以及对教材表现进行"美"与"丑"的评判。总之，富有美感的教学语言，要么让学生感觉到美，要么让学生联想到美，要么引导学生去追求美，要么启发学生领悟美。这样富有内容美的教学语言，也必须有其美的形式，其在用词造句方面应该十分讲究，力求形象、生动、富有感染力。正如德国教育家第斯多惠指出的那样："教学的艺术不在于传授的本领，而在于激励、唤醒、鼓舞。"教学语言正是蕴含其中的。

（四）表现美的教师仪态

教师不仅在课堂上教给学生教材的内容，教师还是学生心目中的智者、示范者、敬爱者，甚至是权威者。这么一个在学生看来最鲜活，应该辐射着美的人物形象，应是和教学内容、教学手段、教学语言一起作为一个整体让学生感受其美的。因此，教师的形象同样应该渗透着美、焕发着美。仪表、体态都应该是美的，具有美的感染力。然而，这种仪态并不是刻意装点的，而是教师对教材的理解、对学生的热爱、对崇高美的境界的追求的一个综合反映，是一种自然的流露，所谓“风格即其人”。让学生看着教师的模样，听着教师美的语言，感受着教师美好的情感，所有这些交织在一起，使学生从中获得一种鲜明的、亲和的美感。

教学的美感性，通过显现美的教学内容、优化美的教学手段、运用美的教学语言、表现美的教师仪态，构成了一个多向折射的“审美心理场”。儿童作为审美主体，在与审美客体的相互作用中、在审美愉悦中获得全面的、和谐的、主动的发展。

第五章
“意境说”的“神思”之说
——导引对儿童创造力的研究

一、在审美愉悦中培育创新的土壤，让思维进入最佳的心理状态

二、在和谐的师生关系中激活创新的潜能，让情感点燃智慧的火花

三、在观察与想象中拓宽创新的空间，让思维插上翅膀

四、在学科训练中培养扎实的实践能力，为创新打下必要的基础

在实验初期，我从外语的“情境”很自然地联系到中国古代诗词中的“意境”。我自己一直是比较喜欢诗歌的。我的同学都去读大学的时候，我走进了小学，我就把小学当作我的大学，我利用一切业余时间读书。每天清晨坐在学校荷花池边沐浴着朝霞，背诵着我喜欢的诗篇，郭沫若的、艾青的、闻一多的、普希金的、裴多菲的、伊萨科夫斯基的等，中国的、外国的，古代的、现代的。从王国维的《人间词话》里知道了“意境说”，从“意境说”又读到了刘勰的《文心雕龙》。我感觉这些是我们中国古代文论的经典，是精髓所在。我读后，觉得“意境说”博大精深，比外语的情境教学更为丰富、更有深度、更有意蕴。

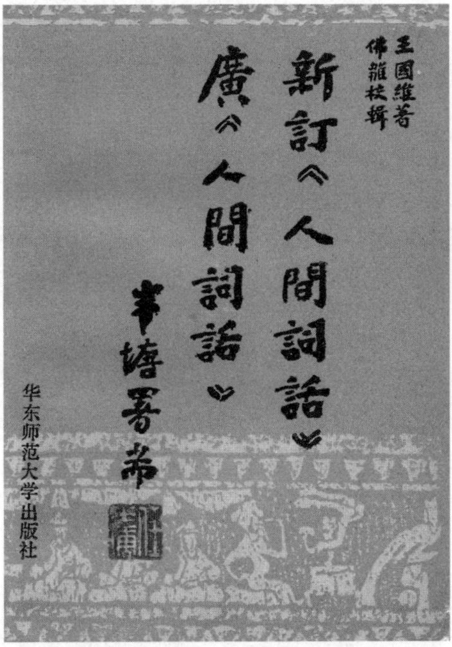

《新订〈人间词话〉 广〈人间词话〉》的封面

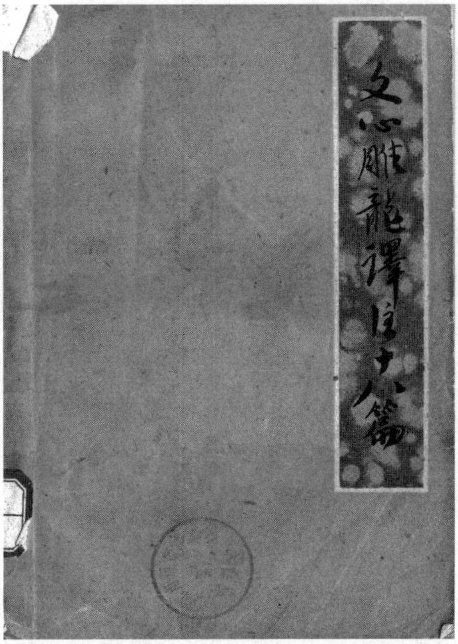

《文心雕龙译注十八篇》的封面

刘勰在《文心雕龙》中提出“神思”的理念，所谓“故寂然凝虑，思接千载”“悄焉动容，视通万里”，生动形象地描写了此时诗人可以进入“眉睫之前，卷舒风云之色”“登山则情满于山，观海则意溢于海”的“神与物游”的神奇美妙的境界。他还列举历代名人大家的创作，指出“虽有巨文，亦思之缓也”“虽有短篇，亦思之速也”等等。这些论述其实涉及了诗人创作时的思维和想象，给了我很大的启发。我在教学中通过儿童的想象把他们带入广远的意境。在课文描写的情境中，我常常引导儿童带着想象去阅读，并设计出想象性复述、想象性作文等系列表达语言的训练样式，让儿童在其间展开美妙的想象，把观察与思维、观察与想象有机地结合起来。我由此逐渐悟到，在情境中启迪儿童的想象，是培养儿童创造性的有效途径。

凭借多年在实践研究中的积累，我深感，培养儿童的创造性是教育的高境界。随着时代的召唤，我更加有了培养儿童创造精神的迫切感。对此我有很多的想法和具体策略。

我认为，无论是一棵大树，还是一朵小花，最初的生命都是一颗小小的、不起眼的种子。种子潜藏于土壤中，饱孕着可以萌发、可以成长的生命力。倘若我们把人类灿烂的文化、科学技术的成果比作参天的大树，比作绚丽夺目的花卉，那它们同样也是从一粒粒种子萌发起来的——那是蕴藏着无限创造力的种子。

每个大脑发育正常的孩子都如同一粒孕育着创造力、沉睡在土壤中等待萌发、急切盼望破土而出的种子。那么，我们就得为这一粒粒珍贵种子的唤醒与催发培育土壤、提供支撑。随着教育的发展，教师已不仅仅是一般意义上的知识的传授者，而是播种者、唤醒者、鼓舞者——去播撒创新的种子，去唤醒创新的潜能，去鼓舞创新的志向。

当然，小学生的创新，与科学家、艺术家以及能工巧匠的创新是有着很大差异的。小学生的创新不像专家那样有一种使命感，有一种责任感，有一种强烈的事业心；也不像心理学家分析的那样，要经历充分的准备、长期的酝酿，然后在瞬间产生顿悟，最终获得创新的成果。小学生的创新是在有意无意间进行的，他们在课堂上不可能有什么重大的创新。因此，培养小学生的创新能力，主要是培养一种创新的精神、创新的愿望、求异的思维品质，让其初步体验到创新的快乐。这样针对儿童特点、贴近儿童的实际提出要求，教学中的创新教育就可为广大教师所接受，并随之在课堂上操作起来，在校园里蓬勃地延伸开去。

作为一名实际工作者，作为一名小学语文教师，我多少年来一直追求语文教育的完美境界——让儿童在学习祖国语言文字的同时获得一种审美的感受，以至全身心地沉浸其中，进而在广远的意境中展开想象，于是潜在的智慧、悟性迸发出令人欣喜的光芒。我想，这不就是在培养和发展学生潜在的创新精神、创新能力吗?!

现在归纳起来，有几点值得一写。

一、在审美愉悦中培育创新的土壤，让思维进入最佳的心理状态

创新，是人的生命迸发出的最鲜活、最富灵性的智慧的火花。即使是瞬间的，也是灿烂的；即使是粗浅的，也是可贵的。它是与学生的学习兴趣、学习态度、敏锐的观察力、求异的思维品质、丰富的精神世界相关的。而在这诸多因素中，能产生驱动、黏合作用的，便是美的。

儿童对美有一种天生的需求，当看到一朵小花、一只飞蝶时，他们往往会驻足凝视，并想获取它。美对于儿童确实有无穷的魅力，甚至有一种强烈的感召力，凡是美的，儿童都会被吸引，都会沉浸其中，身心都会感到无限的畅适、愉悦。儿童作为审美的主体，在审美感受中需求得到满足，因此产生欢乐感，思维也在无限自在的心理世界中积极展开，潜在的创新的种子就很易于在这宜人的审美场中萌动、发芽。

审美感受的愉悦影响着儿童的想象、联想、情感及行为动作。因此，在一切教学活动中，美无处不显示出一种积极的驱动，无处不产生着对儿童智慧的启迪、心灵的润泽。美能激智、美能发辞、美能冶情、美能育德，美对儿童发展产生的全方位的作用是无可非议的。无数人才的成功案例都表明，美影响着人生，提升着人的创新品质。孔子的“兴于诗，立于礼，成于乐”的思想，正是主张运用“诗”“礼”“乐”含蕴的美去完成大业。可见，美的作用非同一般。

我们常说“爱美之心，人皆有之”，但我们在教学中不但没有利用美，反而常常在不经意间忽略了美，这不能不说是一种教育的“失策”。我也常常反思，情境教学、情境教育之所以能受到孩子的欢迎、逐渐走向成功，在很大程度上是“美”的恩赐。在情境教育中，美作为手段，是促进学生发展的“突破口”；美作为目的，是师生共同进入的境界。在教学实践中，多少次、多少回我感悟到，美是培育创新种子的土壤。创新是人的情感与智慧交融的结晶，尤其在语文教学中，我们通过美，不仅可以培养学生健康、高尚的审美情趣，而且可以体现语文学科“工具性与人文性统一”的基本特点。也只有通过美，才有可能去熏陶、感染学生幼小的心灵，使学生在获得美感的过程中，产生创新的欲望和动力。

那么在教学过程中，怎么使学生获得审美愉悦呢？那就要选择美的教学手段、运用美的语言，再现教学内容之美，把学生带入美的情境中。

记得教《落花生》时，我在学生眼前展示了一幅花生图。上面是青枝落叶，下面是埋在根部的花生（先覆盖后揭去）。加上角色扮演、表情朗读，让学生感受到花生埋在土里绝不炫耀自己的那种内在的美，并由此启发学生展开联想，让他们写出自己熟悉的无生命物体的品格。审美的愉悦，使学生美滋滋地想着，他们一个个十分兴奋，写出了一篇篇内容各异、形式多样的小品文。光题目就有《石子》《火柴》《蜡烛》《红》《绿》《石灰吟》《太阳赞歌》《铁》《北斗星》等 20 多个，这显示出了全班学生的创新能力。与此同时，他们也感受到创新的快乐。倘若教《落花生》时没有让学习体会到落花生蕴含的美感，倘若习作时又只是全班统一命题，没要求写出事物的美，那么，学生的思维就不可能到达如此兴奋的程度，习作也不可能如此五彩纷呈。因此，我们应该热情向往、大胆创造，让教学活动成为审美活动。但是，教学活动的美绝不局限于色彩、形体、线条，它在形式美的后面蕴藏着理念。一篇课文所描写的人物后面都包蕴着他的精神世界，所描写的山川、田野、处所的美，或是展现着祖国河山的锦绣，或是显现出大自然的质朴，或是表现了异国他乡的风俗——那也是人类文化的一部分。《落花生》给予学生的是大自然质朴的美，在此基础上通过补充《多美啊，野花》的散文，让学生感受野花默默无闻地装扮着大地的品格。这虽然是一种朦胧模糊的理念，却使审美感受更加清晰明确。

为使学生获得审美愉悦，我还带着他们去野外观察。在大自然提供的美的情境中，学生看到的是美美的，心里感受到的是甜甜的，于是想得远远的，很自然地，甚至是快速地将眼前的景象与自己经验中已经获得的印象进行新的组合。无论是看月亮，还是数星星；无数是采野花，还是拾稻穗；无论是看水洼中的小纸船，还是看浩荡长江的急流……都会令学生心驰神往，不禁跳出一个个美的词、一串串美的句，使思维进入最佳的心理状态。我还带学生去看桂花，桂花色、香、形的美好形象直接刺激他们的感官，激起了他们创造和表达的欲望。我捧着他们给我的桂花，相机引导，把他们带到草地上，让一个小姑娘担当桂花姑娘，我说："孩子们，在你们的想象中，桂花姑娘有着非常美丽动人的故事，现在我们大家一起来编桂花姑娘的童话。好吗？可以你一言我一语，可以你说上句，我再接下去说。"凉风习习，又送来阵阵甜甜的桂花的芳香，孩子们身心俱适，一对对想象的翅膀展开了。他们的思维空间极其宽阔，从地上想到天上，竟让桂花姑娘乘着风飞起来了。他们沉浸其中，体验着创造的快乐，静静地坐在草地上，久久不愿离去。我坐在他们中间，被他们的创造性震惊了。

我又想到，即使数学、科常所揭示的一条公式、一个原理，也是漫漫人类文明史中的浪花，也是人类创造美的结晶。我们在教学中，没有理由淡化美、忽略美，我们应充分利用美、强化美，只有这样，我们的教学活动才能跳出昔日单纯传授知识的窠臼。

一旦创新的种子在丰厚的土壤中孕育并破土而出，学生就会努力超越自己。学生的审美愉悦，不仅成为催发创新种子萌芽的土壤，而且会影响学生的整个精神世界和价值观念。美，是创新的出发点，美让学生走向创新。当他们长大以后，会因为追求美的境界而尽全力为事业、为民族、为人类去创造，真正成为有益于社会的创新人才。我以为，这是我们今天培养创新人才的最终目的，从这个角度思考审美愉悦又有其更为积极的意义。

二、在和谐的师生关系中激活创新的潜能，让情感点燃智慧的火花

中国的师道尊严是由来已久的，在这一思维的影响下，学生的思维难免受到禁锢。这虽然不是教师的本意，但这种有距离、有鸿沟的师生关系，却严重地摧残了学生处于萌芽状态的创新潜能。

老师总是爱学生的，但不少老师的爱，常常不溢于言表，而是以“严”去表现的。具体说，就是“我教你，你得认认真真地学；我说了，你就得听”，以“划一”“听话”为“爱”、为“对你负责”。这种师生关系使学生难以形成自己的思维、个性。可以说，这种爱是一种善意的误导。必然会影响学生创新潜能的开发，这是许多善良的老师始料未及的。在提倡创新教育的今天，努力建立起亲和的师生关系，以激活学生创新潜能的良好愿望，在许多老师的心里更加迫切，并且逐渐形成了一种理念，注入自己的教育思想中去。这种理念大体包含三层意思：一是以培养学生的创新精神为己任；二是坚信每一个大脑功能正常的学生都具有创新的潜能；三是学生的创新精神，连同创新能力是可以培养和发展起来的。这样的理念一旦确立，在教学中就会顽强地表现出来。于是，老师的“爱”，便会以“宽”去表现——宽容、宽厚、宽松。“宽容是一种伟大的精神”，有了这种精神，老师就不再只是高居于学生之上的知识的传授者。我

常常想，老师的职责应该是“唤醒＋激励”。老师热情地唤醒学生创新的欲望，使他们形成动机，激发他们创新的潜能，让他们尽情施展。在此过程中，老师不断地给予肯定，为之鼓劲，在倾注期待、真情交融、合作互动中，使他们创新的欲望、创新的精神在持续的激励中不断地得到强化，创新的潜能则得以激活。

李吉林老师和孩子们在操场上打篮球

1. 倾注期待

期待效应，在鼓励学生创新的当代，显然更有其普遍应用的价值。罗森达尔的实验就是最有力的实证。一些随意圈点的名单上的学生为什么会获得最佳发展，就是因为老师接受了实验者的暗示，情不自禁地对他们倾注期待。学生创新潜能的唤醒、激活、发展是需要自信的，老师的作用就是为他们提供支撑。老师倾注的殷切期待，会作用于学生的内心世界，学生从中获得力量，进而形成诱发和驱动力，于是“期待”转化为“自信”。

老师对学生的期待源于爱和信任。美国心理学家西尔凡诺·阿瑞提就说过：一个善良的母亲的爱，和伴随着认为孩子能成为一个有价值、有创造性的人的那种信任是创造力的前提，并指出“这个孩子会心力向内投射，他懂得分享母亲的情感，接受她的预言，他一定要证明她的母亲是对的。充满信任的母亲的形象，永远支持着他”。这一段话给我很大的启示，我们的学生不也常常向往着从老师那儿获得母亲般的爱吗？倘若老师也能像母亲一样对他们倾注期待，从心底里就确信“我的学生潜藏着智慧”“你行”“他也行”“个个都行”，坚信他们都会成为富有创造性的人，那么学生每天在老师的身边领略到、感受到的正是他们所需要的支撑。记得我教的实验班在上二年级时，来了一个留过两次级的、父母在农村的学生。我就想，他父母不在身边，缺少关爱与督促，我得设法加以弥补。我对他的策略一是关心，二是信任。在这样的思想指导下，我对他情不自禁地流露出了一种发自内心的爱，无论是上课请他读书，或是回答问题后的肯定，还是课后有意让他帮我捧作业本，当我的小助手，都包含着一种信任。有一次他写了一篇短小的观察日记，错别字很多，语句也不太通顺，但是，当我看到其中的一句“我看见奶奶回来了，就挽着奶奶的胳膊回家去”的话，我觉得这感人的言辞后透着这个孩子对奶奶的深情。我依稀看到这个一向被认为是学不进去的孩子，同样迸发出了智慧的火花。我欣然在这句话下面加圈加点，并在全班表扬了他的进步。此后在许多场合，我有意识地把任务交给他、表扬他，连拍“电视剧”也让他参加。后来，他终于觉得自己也和大家一样，终于能在班上抬起头来走路了。两年后，他的学习成绩从“差”上升到中上水平，从他一篇篇的习作可以看出，他同样潜藏着的悟性和智慧得到了初步的开发。我想，倘若我对他以“严”相待，以“常规”要求，他可能不会有如此大的进步。

2. 真情交融

无论是创新精神，还是创新能力，都是以思维为核心的，而思维是不可能不带情绪的。思维的火花往往在于它的情感色彩，当智慧融进情感、认知进入情感时，便会产生奇迹。情感影响着儿童的内心世界，可爆发出驱动力，师生关系的和谐正是以情感为纽带的。真情的交融，使师生双方都同时感受教与学无穷的趣味与自身无法估量的潜力，使教学活动进入充满生命活力的师生对话的完美境界。

在这方面我的体验是很深的。我上课时，总是很自然地把自己的情感融进去，我觉得自己的心和孩子的心是相通的，情是连在一起的，所以常常会和孩子一样，忘掉了周围的一切。

记得上《冬爷爷的礼物》这一课时，我自己扮演冬爷爷，当我围上一条白围巾站在孩子面前学着老爷爷的嗓音，非常亲热地向他们问好时，孩子们兴奋极了，乐滋滋地应答："冬爷爷您好！"顿时，老师和学生的教与学的活动变成冬爷爷和孩子们的对话，使语言训练、思维训练罩上了浓郁的情感色彩，仅关于雪花有多少问题要冬爷爷回答时，孩子们一下子提出了"雪花为什么这么白？""雪花为什么这么轻？""雪花为什么落到我的小手上就不见了？""雪花都是六个角吗？""雪花为什么是从天上落到地下？而不是从地上飞到天上的呢？"等十几个问题。实际上，这既是师生之间的情感沟通，也是心智的交融。这种师生间平等、亲和、融洽的教学氛围，使师生在对话、交流、沟通中达到了从真情交融到心智交融的沸腾状态，形成了教与学相互推进的合力，使学生在主动投入教学过程时情不自禁地激活蕴藏的潜能，使学生求异的思维品质和探究的精神都得到充分的展示。

李吉林老师扮成松树爷爷和孩子们在一起

真情交融不仅表现在师生之间，而且表现在师生情感与作者情感的共鸣上。"教材-学生"之间情感的桥梁便是老师的情感，教材蕴含的情感是靠老师去传递、去触发，从而使学生受到熏陶、感染的。例如，教完《卖火柴的小女孩》后，为了加深孩子的情感体验，进一步激发孩子们对卖火柴的小女孩的关爱，让他们能真切感受到今天生活的幸福，我让他们写了《假如卖火柴的小女孩来到我们中间》的想象性作文。当说到希望卖火柴的小女孩在什么时候来到我们中间时，孩子们一个个马上联想到他们觉得特别美好的日子，他们说：“我希望她在大年三十晚上来”“我希望她在我过生日的早上来”“最好在八月中秋来，那多美呀”。还有孩子说，“六一儿童节来，我们一起欢度节日”“在我们春游的时候来，让她和我们一起去找春天”。当讨论卖火柴的小女孩来到我们中间，我们怎么接待她时，孩子们更是动情了，有的说：“如果在大雪纷飞的时候来，我给她穿上新棉袄、新皮靴。”有的说：“她春天来了，我把新毛衣给她穿；夏天来了，我给她穿上漂亮的连衣裙。”有的说：“我要把妈妈给我买的新书包送给他，我自己用旧的，和她一起去上学。”有的说：“我要辅导老师把心爱的红领巾给她戴上。”有的说：“我还要把她介绍给李老师，让李老师安排她坐在教室的第一排。”……真情的交融培养起孩子善良、美好的情感，在孩子们真心地从各个不同的角度去关爱卖火柴的小女孩的同时，想象的翅膀也随之展开了，他们求异的思维品质也得到了发展。

每到此时，我常常被孩子的智慧征服，我深感美好的情感会使人变得聪明起来，情感在无意间激活了创新的动机，情感的火苗点燃了智慧的火花。

3. 合作互动

和谐的师生关系，很自然也包含着学生与学生之间的亲密友爱。班上每个学生都有各自的个性、各自的长处、各自的短处。在主体性的学习中，为了激活他们各自潜在的智慧，可以在共同探究中相互学习、相互启发。在合作中求得互动，在互动中达到互补。课堂上孩子们你一言我一语地说着，你提问我回答，你不足我补充，你有错我纠正，你优秀我学习，你掉队我帮助。这让他们逐渐学会与他人合作，学会肯定别人，学会热情地帮助别人。在这里我想引用在实验班三年级时上口头作文《我是一棵蒲公英》的一段实录：

(老师的启示，唤醒了孩子的想象。)

生：我要介绍我家的常客，蝴蝶是我家的常客。

生：(得到启发) 蜜蜂也是我家的常客。

(在讨论叙述后，让学生按一定顺序连贯地讲。)

生：我是一棵小小的蒲公英，我的根深深地埋在土里，叶子嫩嫩的、绿绿的，向四面展开。二月的风伯伯把每一片叶子都修剪得整整齐齐的，又嫩又细的茎上托着一朵圆圆的金色的小花，像一朵散发着芳香的野菊花。

(老师引导评价。)

生：刚才×××说得很好，就是二月春风最好不说风伯伯，说春姑娘更美。

生：我想帮×××改一个地方，他说又嫩又细的茎上托着一朵小花，其实我就是蒲公英，可以不说“小花”，而说“托着我的脸蛋”。

（在下面一段的发言后，又一阵热烈的讨论。）

生：我帮他修改一下，“蜜蜂在我的小脸上东瞧瞧、西瞧瞧”，这样说不美，可以说“小蜜蜂亲吻着我的脸蛋”，这就生动了。

生：我帮×××加一句，“小鱼跳出水面，好像也要看看这热闹的场面”。

生：我帮×××加个字，她说“小蜜蜂和我一起玩”，说一起“玩耍”就更好。

生：（受启发）或者是和我们一起“嬉戏”。

生：我也帮×××改一下，她说小鸟叽叽喳喳地叫着，好像在为我们鼓掌，小鸟的叫声不大像掌声，可以说“小鸟叽叽喳喳地叫着，好像在为我们唱歌呢”。

生：我也帮×××加一句，“晚上，小河水轻轻地流着，好像哼着摇篮曲把我们送进了梦乡”。

…………

孩子们在学习中相互倾听小伙伴的发言，共同求得多种不同的答案，从各个不同的角度去思考、去发现。通过与他人的互动交往，引发了他们新的思考，潜在的智慧在同伴的启迪下得到开发，既求异也求同。这样经常的相互交流、相互补充，使他们体验到合作的快乐、合作的重要性，这有效地培养了他们的合作精神、共同探究的精神。

总之，孩子的创新活动是在宽松的、无拘无束的环境下进行的。老师的期待、激励，师生间真情的交融，小伙伴的合作互动，都是为了让孩子自己手执金钥匙去开启智慧的大门。这样亲和、互助的环境，能培养起创新的勇气、乐于创新的热情、“我能创新”的自信，最终使孩子的创新潜能得以激活。

三、在观察与想象中拓宽创新的空间，让思维插上翅膀

人的所言所行，所感所悟，其核心就是思维。没有思维就没有创新可言，思维迸发出的最灿烂、最具价值的火花就是创新。说到底，思维的核心是创新。因此，培养孩子的创新能力就是要培养、发展孩子的思维能力。但这种思维并

不是过去传统意义上循规蹈矩式的思维，不是一味注重抽象、概括、归纳、演绎的单一的逻辑思维，更不是呆板、定向的思维。那种思维训练在很大程度上是对孩子创新潜能的抑制，甚至是扼杀。培养孩子的创造性思维，通俗地说，就是引导、鼓励孩子想得远些，想得快些，想得与自己过去不一样，想得与别人不一样。说得概念一点，就是有意培养学生思维的广阔性、思维的流畅性以及思维的独创性。所有这些都需要给孩子一个宽阔的思维空间。所谓思维空间的“宽阔”，就是可以随意地想，甚至可以想入非非，想错了也无妨，不受约束，没有规定，无须剪裁，让孩子的思维活动在无拘无束中自由自在地进行。

思维空间的“宽”与“窄”，老师的主导思想是至关重要的。人们常说，某老师把学生教“活”了，也有说某老师把学生教“呆”了，实际上这“活”与“呆”，与老师为学生提供的思维空间的“宽”与“窄”是密切相关的。这就像雏鹰飞翔，虽然眼下飞得不那么高远，但是飞翔的却是广阔无垠的蓝天，于是就有了长大后雄鹰翱翔天际的坚硬翅膀。这使我很自然地联想到人为优化的情境，由于其本身的美感、意境的广远、情感的驱动，因而是最适宜孩子想天说地的宽阔的思维空间，会有效地激起孩子的想象，令他们神往。凭借想象，孩子同样可以“视通万里”“思接千载”，于是，孩子在意想中揣摩、在幻境中塑造，这样创新的欲望得以形成，创新的能力得到培养。

1. 观察，为想象提供丰富的思维材料

孩子怎么能想得广，想得远呢？这需要思维材料的储存。思维材料的积累是以对周围世界的认识为基础的，因此，指导孩子进行观察是必不可少的。无论是科学家还是艺术家，观察力都是他们发现奥妙、激发创新动机、寻求创新思路非常重要的智慧品质。人对世界的认识，据统计，90%是通过视觉获取的，因此观察对于孩子来说，不仅是认识世界的需要，也是丰富童年生活的需要，更是他们自身成长的需要。孩子总是睁大着眼睛看世界，因为世界对他们来说是陌生而新奇的，他们不仅用眼睛、用智慧，而且用整个心灵去感知周围世界。有的孩子就说：“让我们去拥抱大自然吧!”观察为孩子的认识打开了一扇扇风光无限、奥妙无穷的窗户。这是孩子智慧与语言的源泉。一个人的观察力不可能与生俱来，要靠后天的有意培养，其途径便是在观察中培养观察力。抽象概念的理论指导总是无济于事的，离开个体的实际观察，要培养观察力也只能是一句空话。目前，在基础教育领域，“观察”可以说还是没有地位的，即

使在数学、科常等学科中，突出的仍然是公式、定理和计算。如今我们大力提倡培养学生的创新精神和实践能力，对学生观察力的锻炼与培养就应受到应有的重视。

多少年来，我在教学中总是以观察为基础，引导学生在观察中审美、在观察中发现、在观察中探究。不仅在课堂上通过实物的演示、图画以及电视屏幕的再现指导学生进行观察，而且在课外引导学生进行大量的观察，以认识周围世界。从春夏秋冬、日月星辰、风云雨雪到山川田野、花草树木、鸟兽虫鱼，从有指导的观察到独立观察，从低年级观察静态物体到观察静中有动或者动态的物体，从笼统的、粗略的观察到有步骤的、精细的观察。在有指导的观察中优选鲜明的感知目标，安排合理的观察程序，设计启发性的导语，引导学生在观察中思考、在观察中想象、在观察中表述，把现场观察与学生的想象、思维、语言活动结合起来。树上的果子、地下的昆虫、蓝天中的小鸟、河边成群的小鸭……这些直接的、富有美感的场景在学生眼前展示时，我会饶有情趣地逗他们："你觉得××有点像什么?""如果把它比喻成人，也有情感，也会说话，那你该怎么说呢?"这些都会有效地拓宽学生的思维空间。一个秋天的夜晚，我带学生看月亮，当月亮从树丛升起来时，有学生说："那初升的明月仿佛是天边的树梢伸出长长的手臂，把圆圆的月亮托起来了!"当学生看到折断的蒲公英茎里流出的白色的浆，马上想到"蒲公英是吮吸着土壤妈妈的奶汁长大的"，看到铺天盖地的油菜花儿，想象到"油菜花儿给大地铺了一层金子，春天的田野如果没有了金色的油菜花，那该是多么单调啊，油菜花可真称得上菜花之王!"从这一串串生动确切的语言表述中，学生的创新思维随之展开。每次观察，他们不仅可以发现大自然的奥妙，还可以产生精彩的语言表述。天长日久的观察，不仅为学生的观察日记提供了丰富的题材，而且培养了学生留心周围事物的习惯，培养起学生敏锐的观察力。正是在此过程中使学生善于审美、善于发现。有一回我参加数学学科老师的备课，老师在教"三角形"前，先让学生到生活中去观察、寻找三角形，于是在课堂上，他们不仅理解了课本上学的三角形具有"稳定性"的特点，而且提出了三角形还具有美感和节省材料的特点，这是教材中没有提到的。

对于儿童来说，周围的世界蕴藏着太多的疑问。观察满足了他们巨大的好奇心，满足了他们发现新事物的渴望。而正是在这看世界的过程中，周围的景象、声响、色彩镶嵌在了他们丰富的记忆中，成为他们以三维空间的形式获得的经验。这些经验、表象成为他们思维的鲜活材料，成为展开想象、组成新形象的重要储存。

2. 想象，让思维插上翅膀

观察是思维的基础，想象是拓宽儿童思维空间的最好途径。孩子是富于想象的。鲁迅先生早就说过，孩子的想象力是值得敬服的。凭借想象，孩子可以上天、可以入海；凭借想象，孩子可以到达小鸟到不了的地方。想象显示了孩子的智慧，想象带给孩子童年的快乐和幸福。倘若没有想象，孩子的童年该是多么的苍白。可以说，想象力是孩子拥有的巨大财富，但随着年龄的增长，这笔财富随之减少，成年后则显得更加匮乏了。有人做过调查，同样一个圆圈，孩子看到后能想象到太阳、月亮、饼干、皮球等 20 多种景和物，而大人见了，圆圈就是圆圈。据报道，多少年前杨振宁先生在安徽少年科技大访问时就有意向校方了解：在这些少年中，有没有人怀疑牛顿定律。他还说，过了这个年龄段，以后就再也不会怀疑了。所有这些都深刻地告诉我们：学校与老师必须不失时机地发展学生的想象力。如今，“想象”一词已醒目地出现在新的课程标准中，新中国成立以来历次颁发的课程标准、大纲上从未出现过。看来，在课堂教学中发展学生的想象力已不再是可有可无的事，而是要付诸实施的了。

其实，激发孩子的想象并不是什么玄妙之事，关键是老师要为激发孩子的想象提供契机。其间有两点是必须具备的条件：一是让孩子获得直接印象，二是形成需要的推动力。想象往往是与孩子的感知、感受紧密相连的。在优化的情境中，图画、音乐、表演艺术的直观，让孩子获得鲜明的、直接的印象，这种“直接的印象”笼罩着艺术的美，进入孩子的意识，为孩子展开想象做了十分有效的心理上、情感上的准备，甚至使孩子处于一种呼之欲出的状态。就拿教学《荷花》一课来说，上课时，我在孩子们面前展示了一幅画，满池塘的荷花盛开着，老师通过语言描述把孩子们带到荷花池边，孩子们仿佛真的闻到了荷花的清香，看到了碧绿的荷叶、亭亭玉立的荷花以及那藏在荷花里的小莲蓬。课文的描写伴随着孩子们的视觉所得，与他们在生活中曾经见过的荷花的图画、真实的荷塘都联系在一起，使孩子们很自然地产生审美意象。而审美意象本身就是一种“再创造”，每个孩子意象中各自显现的荷花形象虽然是千差万别的，各自的体验也是各不相同的，但是荷花的美感和所激起的孩子们对荷花的爱，却是共同的。孩子们纷纷用最美的词句去描述荷花、荷叶……在移情的作用下，伴随着一段充满幻想的音乐旋律，在“现在你们就是一朵荷花了”的提示下，他们深情地、美美地描述着：“站在荷花池边，我久久地看着荷花，看着、看着，我仿佛变成了一朵荷花……”这“仿佛”就把他们所获得的关于荷花美的内心体验通过语言表达了出来，甚至下了课还有许多孩子挤到我身边，争先恐后地表述他们在成为荷花的想象中看到的画面和感受。所有这些都表明，想象本身是创新的前提，又成为持续创造的驱动。

孩子们的描述极大地丰富了已出现的画面。所谓“一切景语，皆情语也”，事事物物在孩子的语言中变得富有情感，与孩子的心灵相通。这些语言描述正是孩子们想象的杰作，显示了孩子们创造的活力。孩子在阅读中凭借想象可以丰富阅读材料，孩子在习作中凭借想象可以把作文写得富有儿童的情趣。因此，我们应该千方百计地让儿童带着想象去阅读，带着想象去习作，这样的阅读才是智慧的阅读，这样的习作才是激活智慧的表述。

想象让儿童的思维插上翅膀。想象是会飞的思维，想象有效地拓宽了儿童的思维空间。

四、在学科训练中培养扎实的实践能力，为创新打下必要的基础

小学阶段所设置的课程都是基础性的。一定的基础知识与实践能力是创新的必要基础。基础如何形成？靠训练、靠学习者的亲自实践。只有这样，才能在实践中理解，在实践中体验，在实践中熟练，在实践中提升。在提倡创新教育，强调把学生教“活”的同时，务必要讲究“实”。“活”与“实”看起来是相互矛盾的，但又是可能，并且必须是融合、互补的。训练是培养创新能力的必由之路。爱迪生说，天才的产生是“1%的灵感＋99%的勤奋”，这99%的勤奋当然少不了训练。还有一种更加明确的观点：任何领域里天才的产生都是本人坚持努力的结果，即任何人在自己感兴趣的领域中经过10年时间的训练，都可以有天才般的表现，其中包含记忆的训练。

提到训练，绝不能和那些单项的习题式的练习混为一谈。训练，是能力的训练，说得更明确一些，是实践能力的训练。实践是创新的基础，创新是实践产生的价值。而实践能力的形成，必须靠训练，如同任何人掌握工具、掌握一门技能和技巧一样，没有训练必然是不会成功的。

在这里，实践训练的目的是十分鲜明的，是为学生的创新打下必要的基础。既然是这样，学科训练就应该与儿童的思维发展、生活、活动结合起来。

1. 训练与思维结合，强调灵活性

我在20多年的情境教学、情境教育实验中，始终把学科能力训练与发展思维相结合。在训练中，既引导学生用形象思维展开联想、想象，又引导学生进行推理、判断，让学生独自地沉思冥想，培养他们思维的深刻性。具体来说，在语文学科中：1）结合词的训练，培养儿童思维的准确性。一个词就是一个概念，当然准确的概念并不等同于以词解词，而是结合上下文，结合儿童生活经验，体会词的形象、情感色彩和细微的差别，培养儿童对词的高度敏感性，这样，儿童运用的语言才是准确的，才是鲜明生动的。思维运用的概念因为准确而清晰无误。2）引导儿童运用修辞手法，丰富其思维的形象性。对于小学生来说，让他们运用修辞手法要求似乎过高，但是他们在语言实践中已经不自觉地运用起来了。“我看到了春姑娘的笑脸”“那朵云多像一只大海龟在慢慢地爬着”“冬爷爷给我们带来了蜡梅花，带来了雪花，还给我们带来了呼呼的北风”。类似这样的句子，早已在一年级许多孩子的口头语言中出现了，实际上这已经运用了拟人、比喻、排比的修辞手法。我们的教学只能走在孩子发展的前面，而不是相反。所以在教学中，应该顺其自然地引导孩子运用，当然术语是不宜出现的。3）通过篇章的训练，发展儿童思维的有序性。从三年级开始，应该在口头语言和书面语言的表达中进行篇章的训练，逐步达到条理清晰。现在似乎不太强调分段和概括段落大意了，那是因为应试中的答案太窄、限得太死。但我们不能因噎废食，文章段落层次、布局谋篇的教学在小学中高年级还是应该深入浅出地进行，并进行相应的训练，如改变体裁、转变人称、增添角色、编写提纲等多种创造性复述都属此类。这不仅是语文能力形成的需要，也是发展思维的需要。4）在综合性的语言训练中，培养儿童思维的灵活性和广阔性。语文学科不仅要有字词句篇的训练，为了整体提高学生的语文素养，还要进行综合训练。比如，将词句的训练与口头交际语言的训练结合起来，将创造性复述与篇章训练结合。这都能促使学生的思维变得灵活。5）通过想象性作文发展儿童思维的创造性、求异性。想象性作文实际上是儿童将现有的生活经验和想象画面结合起来的一种非常自由、充满了创造的习作样式。习作中的时间、地点、人物、情节都可以随着孩子的意愿而选定。有计划地进行想象性作文，对发展儿童的创造性思维是十分有益的。

在数学教学中，我主张结合熟练的计算训练儿童思维的敏捷性，结合几何形体的理解训练思维的形象性，结合应用题的演算培养思维的广阔性、逻辑性，结合公式定理的探究培养思维的创造性。此外，还可以利用情境进行角色趣味计算、演算竞赛、小博士解难题、一题多解小比赛，以及模拟操作、现场实地操作、符号性趣味操作来发展儿童的思维能力。

2. 训练与生活结合，强调应用性

训练与生活相结合就是要培养学生的实践能力，所谓实践能力说得通俗一点，就是在生活中实际应用的能力。学以致用，早已成为人们学习的普遍原则。但是从“学”到“用”，同样必经训练的过程。既然最终是为了应用，训练就必须与生活相结合，也只有与生活相结合的训练才是最有效、最实际的。就拿语文来说，在生活中，我们要运用阅读进行欣赏性的精读，或休闲性的浏览，或资料性的检索，那么我们在教学中就应该有精读、略读、速读、跳读等多种不同要求和形式的阅读，而不是千篇一律的朗读和默读。生活中的文字表达要求我们把一件事、一种现象、一处景物、一条消息以及自己的感受表达清楚。考虑到日常应用的各种文体，我们的语文教学不应该是清一色的命题作文，一味注重写作技巧与形式的套用，而忽略在生活实际中应用书面语言的需要。因此，语文教学需对学生进行叙述、说明、描写等不同表达方式的训练。在口头表达方面，我们的学生现在和将来都要与熟悉的或陌生的人交往，在交往中说明情况、报告见闻、提出要求、发表见解、交流信息、沟通情感。学生也需要口语交际的能力，因而在教学中就须要模拟生活的情境让学生进行口语交际的训练，进行陈述、说明、赞美、对白、质疑、争辩、商量、评判等不同形式、不同要求的语言实践活动。

3. 训练与活动结合，强调主动性

活动是儿童生命力的体现，儿童正是通过自身的活动去认识世界、体验生活、学会创造的，所以从形式上讲，训练应与活动结合。也只有这样，才能体现儿童的主体地位。谈到活动，很多人马上想到课外活动，其实在课堂上，同样可以通过活动训练儿童。我和实验班老师常常凭借已经优化的情境，结合课文内容，让学生进行观察的活动、探究的活动、审美的活动、评判的活动、语言的活动，并在其中让学生产生动机，充分感受，模拟操作，判断正误，比较

鉴别，包括进行逻辑推理，展开想象、联想等思维活动，并通过多样性的教学手段，让学生在趣中学、在乐中学、在做中学。例如教《海底世界》时，我结合课文内容让学生担当海洋研究室的工作人员，通过创设“实地考察”的情境，让学生潜入深海考察，结果他们发现500米深处有“点点星光”；我又通过创设“使用现代化工具”的情境，让学生用上模拟的水中听音器，他们仿佛亲耳听到了海底居民的“窃窃私语”；然后我通过“搜集资料”举办考察归来的展览会，让学生更真切地了解了海底世界的动物、植物和矿物，并利用进入情境的兴奋情绪，进一步学习课文语言，进行朗读课文、报告见闻、查找资料等一系列活动，使语言的训练、思维的训练在有情有趣的活动中落到实处，让学生的才干得到施展与锻炼。

为提高训练的时效，我主张以强化训练的方式推进教学过程，在规定的每课教学中强化训练；在单元教学后，还进行综合训练，以提高训练的有效性。此外，还通过引导，将训练延伸至课外，使训练与儿童的生活进一步结合，并由此培养他们主动训练、独立训练的良好习惯。

这样将训练与思维、生活、活动结合，训练就必然会吸引儿童，儿童也会主动投入，这样的训练也必然是有效的。这就为儿童日后创新所需的思维品质与实践能力打下了必要的基础。

可见，儿童潜在的创新种子在愉快的、丰厚的审美土壤中得以萌发，和谐的师生关系、宽阔的思维空间为创新的幼芽提供了最适宜成长的环境。在小苗成长的过程中，加强学科能力的训练，可使小苗的根基更牢固。这样的小苗必然长成大树，结出硕果。

正是在培养学生创新精神、创新能力的牵动下，学生的思维品质、审美情趣、亲和地与人合作的精神，以及扎实的知识基础和能力基础得到全面和谐的发展，这极大地丰富了他们的精神世界——这是对他们整个心灵的滋养与人格的提升。教育的高境界便是培养学生的创新精神、创新能力！

第六章
将民族文化跨界
——概括出“真、美、情、思”核心元素

一、“真、美、情、思”形成独特优势
二、从脑科学最新成果中找到理论依据

在情境教育的探索过程中，中华民族的文化给予这一研究深厚的理论滋养，特别是“意境说”的理论对我有极大的启发。刘勰的《文心雕龙》以及近代学者王国维的《人间词话》提到“意境说”，其精髓可概括为情景交融、境界为上，阐述的内容精湛而丰厚，读着它，不得不为之震撼。“意境说”虽然是文学创作的理论，更确切地说是“诗论”，但在探索情境教育的过程中，却可“借古人之境界为我之境界”。正如王国维所言：“一切境界，无不为诗人设。”而我觉得一切境界无不为我、为儿童所设，因为“意境说”的理论可以为儿童教育所用。我从“意境说”中概括出了“真、美、情、思”四大元素，并从中得到启迪。“意境说”正是儿童发展所需，影响了我的儿童教育观以及课程观。

20 世纪 70 年代末，我只是从“意境说”关于客观外物与“情”“思”“辞”的论述中联系语文教学范畴来理解的。经过对“意境说”的进一步领悟与思考，我深感其蕴含着美学、心理学、创造学最古朴的原理，而这在国际“情境认知”研究领域尚未引起广泛的关注。而后现代课程论者指出课程范式研究转向“寻求情境化的教育意义”，并提出“在东方文化中寻求课程与教学智慧”，建构具有民族文化风格的课程与教学理论，这很有见地。

其实，“文学”说到底是“人学”，而教育又是“人的教育”。从哲学意义上看，两者无疑是相通的。所以“意境说”不仅为小学语文情境教学提供了理论支撑，而且进一步支撑了整个情境教育的研究、情境课程的建构。正因为情境教学、情境教育、情境课程蕴含着民族文化，洋溢着时代气息，所以显现出勃勃的生命力，并展示出更宽广的美好前景。自从 1978 年我走进儿童，踏上探索之路，围绕“情境”这一课题不知不觉做了 40 年。在这漫长的过程中，中华民族的文化给予我的研究理论滋养，特别是“意境说”，给了我极大的启发。同时，世界先进的教育理论也给了我很好的启示，脑科学的最新研究成果为情境教育提供了理论依据。古今文化的传承、东西方文化的交融，使我的研究不断地丰富起来。40 年来，我从最初语文学科的情境教学开始探索，到情境教育和情境课程的形成，逐步构建了今天独具民族文化特色的情境教育理论体系与操作体系。

一、“真、美、情、思”形成独特优势

在数十年与儿童的朝夕相处中，我感悟到儿童是有情之人，儿童生来爱美，更为重要的是儿童潜藏着智慧。而我从“意境说”中概括出的“真、美、情、

思”正是对此最好的反映。

（一）讲究“真”，给儿童一个真实的世界——符号学习与多彩生活链接

情境教学在起步阶段就受到“意境说”的影响。刘勰在他的《文心雕龙》中指出：“情以物迁，辞以情发。”也就是说，客观世界会影响人的情感变化，情感会触动语词的萌发。我想，语文是生活的写照，是典型化了的生活，怎能以封闭的课堂束缚儿童，使他们在枯竭的河流中学习语文呢？

于是，我带领孩子走出封闭的课堂，投入大自然的怀抱，走进社会生活五彩纷呈的画面中。在田野上，孩子们像飞出笼子的小鸟，贪婪地呼吸着广阔天地里清新的空气。于是小河旁、田埂上、树丛里都留下了我和孩子们的身影。他们睁大了眼睛看着这美妙无穷的世界。那飘忽的春雨，使他们感受到古诗中春雨“润物细无声”的境界；夏日雷鸣闪电的威力，让他们思考大自然骤然变化的因果关系；秋夜的月亮，又引起了他们许多奇妙的遐想……我以为日月星辰、春夏秋冬、冰雾雷电，还有美丽如画的山川田野、千姿百态的花草树木、光怪陆离的鸟兽虫鱼，连同当今社会生活中鲜活的生活场景、昔日的人文景观，都是大自然和社会早就为孩子们编写的最生动的教材。一次次情境的观察与感受，在孩子记忆屏上留下了繁多的生动映象。这为孩子的想象与思维活动提供了极其丰富的材料，使他们有可能去组合、去创造新的形象。情境的观察不仅为儿童提供了思维和想象的材料，而且对处于生命早期的儿童敏锐的感受能力的培养，对满足他们认识周围世界的强烈欲望都是十分有益的。

李吉林老师与孩子们走进油菜花田

开放的情境让课堂与思维、语言的源泉相通，进而丰富了课堂教学。儿童的经验得到充分的利用，他们写出了很多精彩的习作。二年级班上 3 个孩子的作文竟然上了《人民日报》，3 年后在升初中统考时，我们班的作文优秀率是整个区的 12 倍。情境教育促进了儿童情感与智慧的充分发展。所以，当情境教学发展到情境教育时，我提出“拓宽教育空间，追求整体效应”，并将其作为情境教育基本模式的第一条。在情境课程的操作要义中，我更明确提出“以儿童活动为途径”。我们创设的优选和优化的开放情境，给了儿童一个真实的世界。在情境课程中，无论是作为核心领域的学科课程，还是主题性大单元的综合课程、衔接的过渡性课程、野外的情境课程，都进一步将课堂与生活情境相链接，让我寻求到联结符号认知与生活感受之间的路径。

（二）追求“美”，给儿童带来审美愉悦——让儿童在熏陶感染中产生主动学习的“力”

开放的情境让孩子身心得到释放，作文教学的成功让我发现了美的无可比拟的功效，使我有了新的思考。我联想到“意境说”中刘勰从“美物”到“美文”，王国维从“外物美”到“内修美”，讲究的都是一个“美”字。“意境说”对“美”反复的褒扬启发着我在情境教学初期就去追求语文教学的“美”。正如哲人所说：“美的发现的前提是追求。”小学语文本身是美的，它展示了一个真、善、美的世界，有形亦有情。我认为，小学语文教学不仅要为儿童打好基础，而且要让他们在其间受到人文熏陶，要进一步培养儿童的高级审美情感。由此，我想到美学，想到艺术，对边缘学科的思考和借鉴拓宽了我的思路。我深知艺术是最形象、最富美感、最生动的文化。儿童的审美教育是从感受美开始的，进而才是对美的理解和借鉴，以至去创造美。

我将艺术与文学的关系做了分析和判断：利用艺术让语文教学美起来。于是，我大胆地将图画、音乐、戏剧引进课堂，尤其是在课堂上放音乐。音乐像文学一样也有自己丰富的语言，儿童很容易从对音乐的旋律、节奏的感知中产生情感体验，产生情感共鸣，进而激起相似的联想和想象。为了教学的需要，我有时将图画、音乐、戏剧，以及角色的扮演综合起来创设情境，那美感更为强烈，儿童学得更为主动。我由此概括出创设情境的六大途径：以图画再现情境、以音乐渲染情境、以表演体会情境、以语言描绘情境、以生活展现情境、以实物演示情境。

在给一年级的孩子上单元综合课《让儿童插上想象的翅膀》时，我用图画、音乐以及角色扮演，创设了一个任儿童想象的翅膀自由飞翔的情境。在音乐声中，我让孩子们想象他们喜欢的物品飞起来了，飞向远方。有的孩子说："我想把翅膀送给面包，让它很快地送给世界上挨饿的人。"有的孩子说："我想把翅膀送给树木和花朵，让树木和花朵飞到太空去，打扮太空。"……孩子们的话语体现出了"有我之境""有情之境"，真是"人在情境中"。不难看出，在如此富有美感的情境中，课堂是美美的，儿童的心里也是美美的。因为愉悦让孩子的智慧迸发出如此灿烂的火花。我认定，美的、神奇的情境是启迪孩子潜在智慧的最佳境界。

教学实践中的感悟让我找到情境教育操作的突破口，那就是"美"，进而我提出把"美"作为情境教育追求的境界。提出这样的主张，也绝非单凭感觉，其间也包含着许多理性的思考。我从"美"与儿童主体性的形成、"美"与儿童精神世界的丰富、"美"与儿童最初的人生幸福、"美"与完美人格的培养等方面来认识"美"的无可替代的重要作用，来具体诠释"美"的育人功能。

教育实践告诉我，当孩子生来具有的审美需求得到满足时，他们就会产生愉悦的情绪，进而产生主动地投入教学过程的"力"。情境教学就是把学科知识镶嵌在浸润了文化艺术的、美的情境中，让我们摆脱了各科教学的单纯工具性的枯燥。美感的笼罩使各科教学的文化内涵得到顺乎自然的体现。

数年后，我又明确地提出一个值得倡导的教学原则："美感性"。可以说，我在情境教育探索过程中提出的对美的相关认识、主张及操作要义，既是美学原理的启示，也是"意境说"长期以来对我潜移默化的影响和给我带来的理论滋养，它们使我概括出了充满民族文化意韵的情境教学的四大特点——"形真""情切""意境广远""理寓其中"，并设计了实体情境、模拟情境、想象情境、推理情境、语表情境。情境课程正是运用艺术的手段创设生动的情境，连同优选的周围世界中美丽的大自然、社会生活中光明美好的情境，都从不同角度为儿童营造了一个丰富的学习环境。因此，情境教学获得了高效进展，如今我终于从脑科学的最新成果中找到了理论支撑。

情境教育创造性地运用多种艺术手段和富有美感的情境，使其具有强烈的感染性，这不仅为语文教学中工具性与人文性的统一揭示了最佳的、显效的途径，把儿童的情感活动与认知活动结合了起来，也为以后各科教学的开展创造了一种以"情境"为特质的新的儿童学习范式。

（三）注重“情”，与儿童真情交融——让情感伴随认知活动

情境教育的根本灵魂就在于一个“情”字。在运用情境教学进行审美教育的过程中，学生在教学现场的反应告诉我，“美”能激“情”，这进而促使我在情境教学如何“激情”、如何“冶情”方面做了更深一层的研究。

联系“意境说”对情感的论述，可以看到其中内在的关联。“境非独谓景物也。喜怒哀乐，亦人心中之一境界。”而儿童恰恰是最富有情感的人，真情总是激荡在儿童的心头，教育应该利用儿童心灵中这种宝贵的特点。于是我将“意境说”的精髓与自己的教学实践结合起来，感悟到用艺术的直观与语言的描绘结合起来的情境并不是一种单纯形象的呈现，而是浸润着、弥漫着情感的呈现。情感成了情境的内核，无情之境终不成境界。

受“意境说”的启发，情境教育也非常重视以教师、教材或其他教学资源中所蕴含的丰富的情感因素触及儿童的心灵。我们最大限度地发挥情感的纽带作用和驱动作用。在优化的情境中，儿童的认知活动伴随着情感，教学就成为儿童的主观所需，成为由他们情感所驱动的主动发展的过程。情境显示的美感和情趣往往能迅速引起儿童的关注，进而使他们产生积极的态度倾向，激起他们相应的情感，使儿童在一种美好的情感世界、情感体验中学习知识、发展智力。儿童的思维、想象、记忆等一系列的智力活动就会笼罩上情感色彩，就能感受到学习活动带给他们的快乐与满足，从而达到知情意行的统一。于是，在构建情境教育模式时我提出“缩短心理距离”，在师生间创设一种亲、助、和的人际情境，在课堂上创设美、智、趣的教学情境，从而使儿童对教师感到“亲”，对教材感到“近”，这样就形成了情境教育的独特优势，达成以情激趣、以情启智、以情育人。

在优化的情境中，在教师语言的调节和支配下，儿童自己的情感还会不由自主地移入教学情境的相关对象上。无论是在阅读教学课《小音乐家扬科》中师生对扬科身世的同情、怜悯，还是在作文课《假如卖火柴的小女孩来到我们中间》中学生对小主人公的期盼、迎接；无论是在情境数学课中教师对学生珍视祖国古代璀璨数学文化美好情愫的激起，还是在大单元主题性教育活动《我爱长江，我爱濠河》中教师对学生热爱家乡的真挚情感的引发……无不体现出鲜明、浓郁的情感色彩，无不蕴含着执教者“感人心者，莫先乎情”的教育哲学。这样的课堂没有丝毫沉闷的学习氛围，没有强制，没有指令，学生完全摆

李吉林老师和孩子在一起做游戏

脱了被动应付的状态。探究的乐趣也绝不是属于少数拔尖的学生，而是属于全体学生。在这种热烈的内驱力下，学生为求知而乐，为探究而兴奋、激动，进入了一个比教学预期目标还要丰富得多、广阔得多的境界，甚至达到了沸腾的状态。“让情感进入课堂”的境界通过情境教育这一模式得到了实现。

由于情境教育是以情动情，让学生受到熏陶和感染，所以有效地培养、发展了儿童的审美情感及道德情感。儿童的情感随着情境的延续逐步加深，日渐弥散、渗透到他们内心深处。作为相对稳定的情感态度、价值取向，它们又将逐步内化、融入儿童的个性之中。在儿童道德意识、道德情感发展的关键期，情境教育对他们人格的发展是至关重要的，也是极其深远的。情境教育有助于儿童形成层次更高级、内涵更丰富的理想、道德、意志等，从而形成一种强大的情意力量，最终达到儿童全面的、康健的发展。

（四）突出“思”，给儿童宽阔的思维空间——尽力开发其潜在智慧

每一个大脑健全的儿童都潜藏着智慧，理想的教育完全可以而且也应该充分开发儿童的潜能，使他们变得智慧起来。儿童的思维能力、语言活动、认知水平连同情感态度无不受其思维活动的支配、调控。因此，我一直十分

注重儿童思维的发展。1978 年我发表的第一篇论文，题目就是《怎样在小学低年级语文教学中发展儿童的智力》。不久之后，我又从情境教学与发展儿童形象思维、逻辑思维以及创造性思维和培养儿童思维品质等诸方面进行了实验与研究。所以我在 1982 年概括情境教学促进儿童发展“五要素”时就提出：“以发展思维为重点，着眼创造性。”后期我在情境课程操作要义中更明确地提出以“思”为核心。这都体现出儿童思维的发展在情境课程开发、建构过程中的重要性。

在情境教学诞生初期，我发现想象在发展儿童思维、培养儿童悟性方面有特殊的作用，而这正是受“意境说”的影响。刘勰在《文心雕龙》中提出“神思”的理念，阐明人的思维不受时空的限制。他指出：“文之思也，其神远矣。”诗人创作时联想、想象等一系列思维活动的空间极其广远，可以进入“神与物游”的神奇、美妙的境界。

想象力是儿童一笔宝贵的财富。教学实践表明，在广远的意境中启迪儿童的想象是发展儿童创造性的有效途径。我在语文教学中进行了一系列的创造性复述、想象性作文、续编课文、创作童话等训练范式，并提炼出发展儿童想象力的具体策略，有效地培养了儿童的创造性。

在情境教学走向多科的探索过程中，在时代强调培养民族创新精神的大背景下，我又加深了对发展儿童创造性的认识，并产生了一种紧迫感，加速了这方面的研究。在大量的教学情境中我有了新的感悟，我发现不仅优化的情境是物质的，而且情境中的人所抒发的、倾诉的、流露的、交融的情感都会直接影响儿童的心理世界，进而影响儿童潜能的开发。于是，我努力把握儿童潜能发展的最佳时期，从审美、情感、思维空间三方面提出培养和发展创造潜能的举措。

情境教育激发了儿童的潜在智慧，无论是在课堂上还是在各项综合活动中，他们的思维都非常活跃。就拿数学来说，孩子们会运用所学的轴对称图形的知识画出许许多多精美的图案；他们还能将所学的测量、平面计算等方法带到园博园中，实地解决现实生活中的测绘问题……在数学文化节中，孩子们尽显各自的创造才能，写诗歌、编小品，那些蕴含着数学知识又充满趣味的数学童话剧更是孩子们充分发挥创造性的证明。同样，在语文教学中孩子们的创造性也得到了很好的发展，想象性作文、自己创作的童话以及充满个性和想象力的习作结集《月牙泉》《七色花》《太阳歌》《缤纷花朵》等等，更是表明了几乎全体学生的思维都处于积极状态，因为“乐思”，所以儿童就渐渐地学会“善思”。

经过多年的实践与研究，情境教育突出了儿童发展所需的“真、美、情、思”四大关键元素，构建了将儿童情感活动与认知活动结合起来的独特的教育模式——情境教育，把认知与情感、学习与审美、教育与文化综合地在课程中体现了出来。

二、从脑科学最新成果中找到理论依据

儿童的学习与大脑息息相关，在儿童学习的过程中，大脑究竟有着怎样的奥秘呢？近十几年来，脑科学研究技术的不断创新、脑与神经认知科学的飞速发展、脑科学研究成果的不断涌现都为情境教育提供了新的理论给养，我也从脑科学的最新成果中初步印证了情境教育高效、儿童学得快乐的缘由。

1. 儿童的脑是敏感的，需要一个丰富的、可以活动于其中的环境

情境教育的独特之处在于它通过人为创设情境或优选情境，为儿童创造一个最佳的学习环境。情境呈现美感的特点，使儿童产生愉悦感，进而主动投入学习活动。当时我只是从美学和心理学上认识到美能使人愉悦。现在脑科学的研究成果也证明了这一点，丰富的环境让脑的感觉良好，良好感觉使脑产生化学物质，使脑和身体内部信息的传递更顺畅。美国玛丽琳·斯普伦格（Marilee Sprenger）著的《脑的学习与记忆》和埃里克·詹森（Eric Jensen）著的《适于脑的教学》都指出，“丰富的环境可以促进树突的生长”，“丰富的环境会使神经连接增多”。这是神经生理科学家们通过对小白鼠的大量实验，发现小白鼠的脑结构与人的非常相似，因而得出的结论。

这两本著作还不约而同地提到音乐，认为“听音乐是另外一种能够引起积极的化学物质释放的方法”，音乐会让人产生大量的类似吗啡的“内啡呔”，“内啡呔”是一种使人产生愉悦感的化学物质。音乐的重要功能就是，它“可以激发脑的神经通路，使神经一直处于唤醒状态”。早在 1980 年，我就开始将音乐引进语文教学，成效明显。情境教育正是运用美术、音乐、戏剧等艺术手段创设生动的情境，更从美丽的大自然、光明美好的情境中为儿童营造了一个丰富的学习环境。

脑科学的最新成果指出：“艺术的使用不仅仅可以引发思考，而且可以教人如何思考，并建立情感表达。”脑科学家们建议：“为了提高环境的丰富性，我们有必要再次证明一下艺术和活动融合到课堂中的有效性。”可以说，一个没有环境布置的教室，仅仅配合以单一灌输式教育的时代已经过去了，脑科学已经强有力地证明丰富的环境的确可以促进脑的发育，并提出建议“让我们一起疯狂地丰富环境吧”。研究人员还通过一个实验得出结论：“仅仅为学生提供丰富的环境是不够的，还需要让他们积极参与其中。”

情境教育不仅可以创设丰富的环境，而且可以让儿童活动于其中。情境教育的本质特点就是在优化的情境中把学科内容与儿童活动结合起来，并明确提出将“以儿童活动为途径”作为操作要义之一，因为儿童需要与环境发生互动。在情境中，不仅有观察、触摸的感知活动，有作为角色的协商、评价、争辩、报告等语言活动，还有模拟操作、实验等实践活动，让学生在其中充分感受、主动探究、体验情感。事实足以表明：情境教育创设的情境成为儿童学习的最佳环境。正如脑科学家戴耳蒙德所说：“当我们丰富了我们的环境时，我们的脑皮层也就加厚了，脑的树突增多了，成熟的神经棘（spins）增多了，细胞体也增大了。”

学校举行丰收节主题活动

老师带领孩子们去观察丰收的田野

2. 儿童的脑是可塑的，需要不断提高脑神经元联结的频率

情境教育创设的情境或优选的情境仅仅是一种手段、一种凭借，以营造一种让知识镶嵌其中的氛围，而更有实质意义的是充分利用情境唤醒、发展学生的潜能，让学生在其中进行一系列的思维、联想和想象的活动。多少年来，我一直向往的、追求的就是我们的教育不仅要使聪明的孩子更聪明，而且要使不那么聪明的孩子变得聪明起来。脑科学研究表明："人脑的杰作就是学习，学习可以改变脑。人类学习的最终成果是智力。"这些论述证明了我所追求的目标是正确的。

儿童的脑是正在生长的脑，具有极大的可塑性。学习的发生是信息从一个神经元传递到另一个神经元。儿童的大脑是能轻易地形成联结的。脑科学家打了一个很生动的比喻，说在人的早期这种联结好比"崎岖的小路"，联结多了，就如同在"高速公路"上行驶。情境教育以"思"为核心，在具体的教育教学活动中通过创设问题情境，把思维活动与观察、想象、语言表述以及实际应用操作结合起来，不断地启发、鼓励儿童进行思维活动，提高思维活动的频率，并且打开了广阔的思维空间，使儿童更易进入思考状态。情境教育始终把握学科能力训练与发展思维的统一。在语文教学中结合词的训练培养思维的准确性，引导运用修辞手法丰富思维的形象性，通过篇章的训练发展思维的有序性，在综合性的语言训练中培养思维的灵活性和广阔性，通过想象性作文发展思维的创造性。在数学教学中，把学习与训练思维的敏捷性结合起来，要求迅速而正确。在应用题的解答中，有意发展学生思维的求异性，要求一题多解。在公式的理解中，着重训练逻辑推理能力。总之，思维的发展在学科教学中得到落实。

情境教育的研究与实验所取得的令人满意的效果，从脑科学中得到证实，“当一个神经元向另一个神经元传递信息时，学习就发生在神经产生联结之时”。“随着神经元不断地学习和应用信息，它们联结的频率会越来越高”，“神经网络联结频率也会变得越来越高，使信息的传递也越来越顺畅”。在整个情境教育的研究与实验的过程中，一以贯之地突出思维的发展，并且利用儿童进入情境后激起的情绪引导儿童积极思维。这样，信号就能改变接受神经元的潜力，使它具有加速学习的潜能。而“神经元建立的联系越多，脑就越重”。这是因为信息通过神经元上的树突进入另一个神经元，在不断产生联系的同时不断地长出树突，使信息传递更加简洁、快捷，而情境教育实施的重要目的就是促进儿童大脑发育得更好。

3. 儿童的脑优先接受情绪性信号，积极的情感伴随可获学习活动的高效

在情境教育为儿童创设的丰富情境中，更有教师的启迪、激励和支撑，丰富的情境使儿童成为真正的主体并活动于其中。这种和谐的师生关系使丰富的情境更生动，充满教师之爱，充满人性之美。情境教育提出“把微笑带给学生”，“把情感带进教室”，这里没有谩骂和训斥，没有奚落和嘲讽。我们创设的情境不仅是丰富的，而且是最适宜儿童学习的，是让儿童感到“安全的”“没有压力”的地方。研究者告诉我们，教室应该是孩子感到安全和快乐的地方。在这里，“脑能够产生大量重要的化学物质”。老师肯定性的反馈、亲切的微笑和良好的师生关系都能引起“5-羟色胺”“多巴胺”“内啡呔”等神经递质的释放，使学生感觉良好。情境教育正是把儿童带入美的、丰富的情境中，帮助他们的脑产生有利于高效学习的化学物质。

“脑是依靠化学物质来运行的。”大多数研究者都将这种化学物质称为“神经递质”，它带着信息从一个神经元传递到另一个神经元。儿童内心的愉悦感和热烈的情绪促使脑释放大量的神经递质。其中的“多巴胺”是一种有助于信息进入更高级的脑加工水平的化学物质；“5-羟色胺”有时候被称为“感觉良好”的神经递质，可使脑和身体内部的信息传递更加顺畅；大量的“内啡呔”可以

让人产生愉悦感，被认为是脑的奖赏系统的一部分。所以，我们实验班的老师非常注重结合教材传递美好的情感。从上课开始，老师就高度关注来自儿童的情绪，并通过情境运用语言描述、实物演示、呈现画面、播放音乐或联系经验等手段。情境的美、教师的情、教师语言的调节支配连同积极的反馈，一起激起儿童积极而热烈的情绪，促使他们参与学习活动。

这种积极的情绪很快被大脑接收，“情绪信息总是比其他信息优先得到加工”，这使儿童的思维活动在最佳的情绪状态中进行。“积极的情绪参与是学习的关键”，“情绪记忆是最高效的记忆”。实际上，这正是我对情绪研究领域的三大发现：情绪的生理通路和优先性，情绪与化学物质，情绪与记忆的理解和认识。可以说，没有什么比情绪与学习的联系更为紧密的了。

同时，我又联想到情境的暗示、移情、角色效应、心理场产生的力，这在脑科学中同样得到了支持。当我们创设的情境展现在儿童眼前时，情境便作为信息刺激儿童的大脑。通过脑的边缘系统和情绪联系、神经递质的释放和传递，使儿童不知不觉地，甚至是情不自禁地接受了这种积极的情绪，使情境中的场景、事件、角色给儿童留下了难以磨灭的印象。情绪智力对儿童在一生中取得的成就会产生影响。“天才人物都是情绪驱动创造力的榜样。”

以上所谈及的脑科学的最新成果让我顿悟到，情境教育之所以会获得高效，是与其丰富的、安全的又可以参与其中的环境，以及能激起积极情绪，使儿童的脑释放出大量的神经递质，提高神经元联结的频率，促进儿童的脑越用越聪明，并打开记忆的通道，产生情绪记忆分不开的。经过 40 年的探索，情境教育有效地促进了儿童的发展，也使我加深了对儿童、对教育本质的认识。目前我正在进行的情境教育与儿童学习的研究将深入剖析优化的情境在儿童的学习中所发挥的作用，以进一步揭开儿童学习的奥秘。

第七章
为满足儿童需求
——构建情境课程

一、以“情境”为中心体现了当代课程的变革和走向

二、以儿童学习需求为中心进行情境课程的系列改革

三、吸纳民族文化的滋养，实现儿童主动快乐的发展

在“九五”课题“情境教育促进儿童素质全面发展的实验与研究”结题以后，关于情境课程的“十五”课题是申报还是不申报，我一直犹豫着。想想自己已是年过花甲的人了，如果申报了“十五”课题，5 年的实验做下来，都 70 岁了，我怕自己力不从心。但是在“九五”结题鉴定会上，专家们都非常热情地支持我，发自肺腑地鼓励我继续做下去，让我有勇气再一次奔跑，超越自我。我虽已迈入老人的行列，然而却不是孤独的行者。在我身后，在我周围，从专家到领导，从学校到老师都支持我，让我不断地感受到温暖和力量。同时，我觉得胸中依然有一颗赤子之心。所以，最终我还是满怀着赤诚，向全国教育规划办郑重地递上了“十五”课题申报书。这是我第三次申报全国课题。

从我内心而言，我一直有一个非常简单而朴素的愿望，那就是希望情境教育能够走向大众。我曾听老师说过，情境教育需要老师有很高的素质。我觉得这话只说对了一半。事实上任何一种教育模式，任何一种教学方法，要教好学生，都需要老师具备良好的素质，需要老师有对教育的真情、对儿童的真爱。这种情和爱正是情境教学、情境教育需要老师具备的最重要的素质。有了这种对教育的情、对儿童的爱，那么，即便有些技能还不具备，也一定会想办法去学习、掌握的。这也是我亲身的体验。我自己并不是一个全能的人，很多东西我也不会。但就是因为我自己喜欢孩子，整天想着他们的发展，所以我就很愿意去学习，不断地提升自己作为一名老师的素质。当然情境教育追求的高境界将美的、智的、情的、实践的都融合在了一起，确实要求实施者下功夫。但是，因为它是符合儿童发展规律的，所以，又必然会受到老师和学生们的欢迎。

事实上随着情境教学、情境教育实验的不断推进、一步步发展，它必然会带来课程的改革，也就是说，“情境课程”是实验进行过程中的必然产物，而且也因儿童发展的需要一直进行着。当时在全国范围内，在许多地区和学校，情境教学、情境教育得到广泛的应用，尤其在国家语文、数学等学科的课程标准颁发以后，广大教师都反映情境教育符合课程标准的理念，因而实践与研究情境教育的势头更是令人欢欣鼓舞。我想，因为课程必然细化，操作性会大大增强，所以随着情境课程的开发与研究，大家都可以在总的操作要义的提示下，各自探索、研究、操作。这样，自己艰苦奋斗多年的情境教育就可成为大家的财富，成为共享的科研成果。我感到无限的欣慰，我想，这就是价值。所以，我们就把“十五”课题定为“情境课程的开发与研究”。这一课题成为全国教育科学“十五”规划教育部重点课题。我自己也更加充满信心和热情地随着国家乃至世界新一轮课改的潮流继续向前奔跑。

当今世界各国都把课程改革作为教育改革的关键，在这个领域中的实验与研究一直没有停息过，倾注着一代又一代人的心血与智慧。无论是维多里诺的人文主义课程论还是夸美纽斯的泛智主义课程论，无论是杜威的实用主义课程论还是皮亚杰的结构主义课程论，在某一个历史时期都显示了其先进性，产生过广泛的世界性影响。这些课程流派在世界课程论的改革中都曾各领风骚。

一、以“情境”为中心体现了当代课程的变革和走向

世纪之交，国际基础教育发生了课程理念与实践的大震荡、大变革。众多的课程流派和课程实践模式纷纷涌现，从中我们可以发现课程开发的一些趋势。各流派或主张课程经验以社会为中心，或主张以学科、知识为中心，或主张以儿童为中心。当代课程变革则越来越致力于三种关系的和谐统一，于是出现了以“情境”为中心的课程设计理论。英国课程论专家丹尼斯·劳顿（Denis Lawton）是其代表。

劳顿的情境课程论试图吸取学科中心论、儿童中心论和问题（社会）中心论三种理论的长处，主张教育要发展儿童的自主能力，使他们学会适应步入社会后所面临的多种情境。劳顿把自己的课程论称为情境中心论，可以说劳顿的思想反映了西方当代课程变革的一种走向。

综观世界课程的发展状况我们可以发现，众多的课程论专家都聚焦于情境学习、情境认知等一系列围绕着情境的全新的课程观。他们的共同点是不满于学校现存的以课堂、教师和书本为中心的教学模式，而强调生活与实践的重要性，强调学习基于真实的生活经验所具有的感受性、主体性、合作性、情境性。这与传统的校内学习的个体化、抽象化形成了强烈的反差。情境认知与情境学习理论成为20世纪90年代教育学术界关注的焦点。

以上所述，国际课程改革的动态，尤其是劳顿的以“情境”为中心的课程设计为我构建情境课程提供了极大的推动与启发。恰逢“十五”期间，我国以课程为依托深化教育改革，开始了新一轮的课程改革，这犹如一股强劲的东风吹进了基础教育的园地，一时间风生水起。作为课程改革的指南，教育部各科新的课程标准也随之出台，它既给了广大有志于课程改革的老师以明确的方向，又开拓了课程开发的广阔空间。国家课程改革的大环境为我正在探究的情境课

程的发展提供了理想的大背景，让我更进一步地卷入课程改革的热潮。

二、以儿童学习需求为中心进行情境课程的系列改革

情境课程的建构经历了漫长的岁月，它源自 20 世纪 70 年代末。那时，我走进了一年级的教室，我首先深切地意识到，学习是每一个儿童至高无上的事，它将决定儿童成长为什么样的人。因此，对于儿童来说，上学是神圣的。学龄前的儿童常满怀美好的憧憬，期盼着有一天可以成为一名一年级的小学生，如今他们背着书包来上学了，那是令人无比骄傲的大事。学习对于儿童来说具有极大的吸引力。但是，当他们入学后，他们不经意间流露出的那种黯然神伤的神情，让我的心沉重起来并为之焦虑。

这时，我意识到教育的弊端是儿童成长的羁绊，是他们身心发展的桎梏，我心里琢磨着怎么让课堂丰富、生动起来，怎么顺乎儿童天性，满足他们的学习需求，让他们健康快乐地成长呢？鲜明的目标驱动我开始了课程的改革。

（一）儿童、知识、社会三个维度

历经 18 年的实践、探究与全面梳理，在 1996 年全国的情境教育学术研讨会上，我揭示了已成体系的“情境课程”，我围绕儿童，突出“真”“美”“情”“思”四大元素，以儿童、知识、社会三个维度为内核进行整合，构筑了富有独特优势的课程范式。

1. 儿童——情境教育的出发点和归宿

在传统的理念中，儿童是幼稚的、是无知的、是等待接纳知识的，因此他们必然被动地成了老师灌输知识的对象。在这种指导思想下构建起来的课程，疏远了儿童、排斥了儿童，甚至扼杀了儿童。长期以来，我和儿童朝夕相处，不断地发现儿童身上呈现的美好的情趣和幻想、永不怠倦的向上性、不可遏止地积极参与的主动性。身处儿童中间，便会不断地感受到一个个焕发着如同花草般清香而又充满活力的生命。他们总是不停地渴求新的信息、获取新的信息。因此，儿童具有强烈的求知欲和好奇心。他们潜在的无穷的智慧，如同那“沉睡的力量”正在萌动，时时期待着一触即发。儿童是真正的美的精灵、智慧的精灵，他们是动态的、光亮的、发展着的、未来的生命体。成人世界与之相比

第4版 2003年3月21日 星期五

JICHU JIAOYU 基础教育

中国教育报

基础教育部主办

● 江苏情境教育研究所 李吉林

情境教育：儿童—知识—社会

1 语文教学与生活相通 走向大自然和社会生活的真实情境

2 语文教学与艺术相通 模拟的情境笼罩上审美的光环

3 运用相互联系的整体理念 构建多元的网络式情境

4 开发情境课程 情境教育走向大众化

【案例一】

【案例二】

“儿童—知识—社会”三个维度，2003 年 3 月 21 日《中国教育报》

黯然失色。儿童的情感世界是纯真而炽热的，情、美、智、趣常常令他们幼小的心灵激荡不已。那是引导儿童去学习、去发展的最可贵的原动力。儿童潜在的这些美好的天性、潜能，被极大地忽略了。而在情境教育中，儿童是至高无上的，是真正的学习的主体。而学习正是由认知的主体积极建构的，离开了主体的建构活动，就不可能有知识的产生。一切为了儿童的发展，为了正在成长中的活生生的人，这是情境教育的出发点和归宿。

儿童的天性与“真”“美”“情”“思”密切相关，如何根据儿童的特点，“顺其天性而育之”则是我们要思考的。必须明确，我们最终的目的是使全体儿童获得全面的、充分的发展。因此，情境教育不仅要充分利用他们各自的经验和内心世界中种种促进他们成长的可贵的自然资源，还要通过新旧经验的互动和建构，使它们不断叠加、重组、融合、发展。这不仅是社会对他们的期待，也是儿童本身企盼的愿景。

儿童的这种天性，在不同的教育环境的作用和影响下可能是千差万别的，有的很外露，有的则内隐。儿童的潜能具有极大的不确定性，有可能得到充分的发展，也有可能被压抑或泯灭。儿童的发展是在一定的情境中发生的，情境成为学生构建知识的不可或缺的资源和运用经验、运用知识的不可替代的现实场景。儿童正是在这种情境中去洞察、感悟、体验，也就是说儿童的潜能和经验是要通过他们自身的活动，在与社会、文化相互作用的情境中实现的。情境教育则是通过情境的优化唤起他们的情绪，让他们主动学习、主动发展。当儿童活动于其间时，我们会看到儿童作为一个自由的生命体在特定的情境中，和小伙伴、老师因思维的积极碰撞与热烈情绪的交融而相互交织在一起，甚至进入一种沸腾的状态。这里有审美的、道德的、艺术的活动，也有理智的、科学的活动。在那个奔放的情境中，儿童迸发出智慧的火花，儿童的潜能和经验被激活，儿童的自然禀赋、自我意识、自主品质、自由人格得以展现和提升，这也使情境教育真正地走进了儿童的世界。

2. 知识——与情境相互依存

一直以来，人们始终觉得学校就是一个传授知识的专门场所，所谓传道、授业、解惑，是天经地义的事情。但学校所传授的是抽象的符号，儿童只是被动地一点一点地接纳知识，对知识之间的联系、知识产生的背景他们很难知晓。原本鲜活、有趣的知识变成了单纯的、抽象的符号，远离了儿童的生活，变得陌生、孤寂、冷漠。情境课程坚信知识与情境是相互依存的，任何知识都是在一定的情境中产生的，最终都会回到情境中去。儿童学习的知识更应该是情境性的。情境课程通过运用图画、音乐、表演、多媒体等这些直观手段与老师的语言描述结合起来创设情境，知识被镶嵌在情境中。一种真实的、本真的情境，让知识有根、有联系、有背景，情境课程便促使和吸引学习者通过与环境的互动去建构知识。我们不仅创设一种真实的、生活的情境，还根据我们所吸纳的“意境说”，创设一种想象的、审美化的、具有真切感的情境，使情境更具有广度和深度。儿童作为一个主体，在这样的情境中所获得的知识不是一个一个的知识点、一个一个孤立的符号，而是圆融的、综合的、有声有色的，含蓄着审美和文化意韵的。

情境课程十分明确地指出学习知识的最终目的是实践、创新。情境教育强调“着眼发展，着力基础”“从未来出发，从现在做起”，进行有序的、系统的应用与操作。因此，情境课程对儿童知识结构的建构是开放的，可以带有一定的弹性、可以拓展、可以补充，儿童学习的内容往往超越文本。因此，情境课程十分注重儿童的创新、实践活动。实践是儿童认识的起点，知识只有通过实践才能真正被掌握。简言之，运用知识的高境界是为了创新。人类之所以能进步，就是知识在实践中创新的结果。也可以说，古今中外的一切发明和创造都是知识在实践中被发现、加以创新的结果。一方面创新离不开实践这丰厚的土壤；另一方面没有创新，实践只能重复过去。我深感儿童的创新是幼小生命迸发出的最鲜活、最富灵性的智慧的火花。即使是瞬间的，也是灿烂的；即使是粗浅的，也是可贵的。作为老师，应该珍惜、珍爱。在儿童的认识活动中，创新提升了实践，生动的实践又激活了创新。因此，情境课程在教学过程中，让儿童在特定的情境中和热烈的情感驱动下进行创新实践，通过实体性现场操作、模拟性相似操作、符号性趣味操作来加强基础、促进发展，并通过实际应用来体验学习成功带来的快乐。

3. 社会——儿童知识建构不可替代的情境

知识是社会性的，儿童知识的建构必须联系社会实际，儿童必须在与社会的接触中，与他人互动、与环境互动中学习。我们在 20 世纪 80 年代初期就开发了儿童的野外情境课程，带领儿童走进大自然，走向社会，让儿童去接触、感受社会生活光明美好的一面。这对儿童认识周围的世界、感悟社会生活起着奠基作用。因此，情境课程形成了一个开放的系统，它致力于拓展儿童的生活和发展空间，让儿童的生活、学习向家庭、社会延伸。社会是儿童学习活动最广阔的课堂，是儿童综合实践最生动的实验场。儿童学习的知识倘若远离社会，学习活动倘若隔绝于社会生活之外，便不可能真正地领悟知识的精要，学习也就失去了真正的意义。再者，儿童学习最终是为了将来在社会生存、社会实践中运用知识，并在发展个体的同时发展社会，或者在发展社会的同时发展自我。所以，社会是儿童建构知识不可或缺的资源，是儿童运用知识不可替代的现实情境。

情境课程充分选择环境、利用环境，让课堂的学习内容与社会相连；通过多样性的课外教育活动，渲染学校欢乐向上的氛围；凭借主题性大单元教育活动进一步与社会相通。儿童则在其中感悟、观察、体验，在社会实践中把知识学活。学校还设立教育周节，如二月的“爱书周”、三月的“学雷锋周”、十月的“爱国月”“丰收节”“童话节”等等，让丰富多彩的活动将课堂与校园、家庭、社会横向融通，并且在相对固定的教育活动中，拓宽了教育空间，打破了学校与社会之间的樊篱，丰富了儿童的课堂感受以及认知建构的源泉，使这种与广阔的课堂、最生动的文本密切相连的教育得到强化、延续，从而形成新的传统，产生了良好的教育效果。情境课程正是通过回归生活实践，与生活融为一体，不断挖掘生活本身取之不尽的课程资源，进而影响、引导、支撑着在其中生活与学习的儿童的发展。

“童话节”孩子们扮演小兔子拔萝卜

（二）情境课程“四大领域”

遵循国家课程改革着力于综合与实践、沟通书本与生活世界、理论与实践应用结合的崭新课程理念和态势，我们构建了情境课程的理论框架及操作体系。

1. 野外情境课程的萌生：走出封闭课堂，让儿童的学习与生活相通

当时封闭的灌输式课堂的现实与儿童理想中的学习王国相去甚远。于是我

毅然带领儿童走出封闭的课堂，走向大自然，走进社会生活，精心从客观外物中优选场景，让儿童的学习与生活相通。

野外宽阔的空间，不胜枚举的美景、美物呼唤着孩子投入大自然的怀抱。他们沉浸其中，每每乐而忘归，流连忘返。观察后写的习作，再现了他们的所见所闻，表达了他们的真情实感，做到了言之有物，甚至言之有情。这些都表明，万物生长的田野是儿童学习的生动课堂，野外教育是儿童成长的需求，有益而有效。由此我发现了儿童学习的丰富而巨大的智库，找到了天赐给儿童的活的、永不枯竭的学习源泉，深感大自然是本舍不得掩卷的书。整个小学阶段 5 年，我满腔热情地、有序地进行着野外活动，把野外教育排进课程表，野外情境课程成为备受孩子们欢迎的新课程。这使我认识到，针对教育现实中的弊端满足儿童的需求，促进儿童快乐、高效地学习和实现全面发展的目标是我们课程改革的重要依据。

野外教育课程的开发，成功地将课堂学习和大自然链接，将符号学习与生活结合，逐渐培养起了儿童对大自然的情感、对生命的珍爱、对环境的关注，促进了知识在实践中的运用。这不仅为儿童的认知活动、语言活动、思维活动、情感活动及意志的培养提供了取之不尽、用之不竭的场景和丰富的资源，而且为新型的学校综合实践活动、研究性学习搭建了更为广阔的平台。

野外情境课程的萌生，让我在改革初期便收获了情境作文教学的喜人成果。由此，我进一步改革阅读教学，通过情境创设激起儿童的积极情绪，让情感伴随着儿童的认知活动，极大地提高了儿童学习的主动性。这不仅丰富了用抽象的文字符号写成的教材，而且为儿童的大脑积累了众多生动的表象，从而开发了儿童的潜在智慧，培养了学习力，使第一轮儿童母语情境学习喜获成功。起步阶段中的体悟及初步揭示的儿童课堂学习规律，为此后核心领域的课程改革打下了重要的基础。

2. 顺其自然地生成幼小衔接过渡课程：迈出小学阶段儿童快乐学习的第一步

第一轮 5 年的探索与研究喜获硕果。到第二轮实验，又迎来一批一年级新生。为了让他们学得快乐、获得高效，我提前到幼儿园兼课，由此方知幼儿园与小学之间是一个“陡坡”。孩子在幼儿园每天只有半小时的室内课，而小学上下午都在教室里学习各门功课，显然落差太大，这使学龄初期的儿童难以适应新的学习环境。现实告诉我，幼小之间的“衔接”课程是必不可少的。于是，我便顺势开设幼小衔接过渡性情境课程，提出“室内短课与室外观察相结合的原则”，减小坡度，精心设计使学习内容、学习形式既接近于幼儿园，又高于幼儿园教学要求的课。情境过渡课程使孩子们很快适应了小学阶段的生活。儿童开始喜爱新的学习环境、学习生活，并感到身心愉悦，这为整个小学阶段的学习做了心理上和行为习惯上的铺垫，儿童迈出了小学阶段快乐学习的第一步。

幼小衔接过渡课

3. 从优化结构到主题性大单元综合课程的诞生：满足儿童多元发展的需求

启蒙教育的单调让我意识到，多少年来传统的语文教学一直强调识字是阅读的基础，阅读是习作的基础。于是形成了“汉语拼音—识字—阅读—作文”这样直线的序列、单一的结构。它的重大缺陷是忽略了语文教学的要素之间的相互联系、相互作用，从而造成整个启蒙教育的单调、枯燥，从根本上导致小学语文教学的低效。

我受教育哲学家查有梁先生论著里“系统论”的影响，认识到“结构决定效率”，这促使我在第二轮实验中进行内容结构的优化，科学地提高教学效率。为充分利用语文教学要素之间的相互作用，我提出“识字、阅读、作文”三线同时起步的方略，形成多向结构、循环往复、螺旋式上升的序列。结构由单一到多向满足和激发了儿童强烈的求知欲，儿童学习母语的速度和效果得到了明显提高，极大地丰富了启蒙教育阶段儿童的学习生活。

到中高年级，则根据语文教材内容将“工具”与“人文”、“读”与“写”、“训练语言”与“发展思维”、“课内”与“课外”结合起来，进行“四结合主题性大单元教育”，教学内容聚焦主题，将单元中相似、相近的内容进行归类，以相互联系的理念开展集中训练，体现了大语文教育的观点，拓展了语文教育的空间，丰富了语文教学的内容，从而更好地帮助儿童触类旁通，使儿童较快地掌握规律，获益更多。结构的优化丰富了课程内容，提高了教学效率，加之第一轮成功经验的深化，让艺术走进了课堂，使课堂更美。这样，母语情境教学从内容到形式都决定了儿童情境课程改革必然走向成功。

在情境课程从局部到整体的构建中，我进一步意识到，课程逐步走向综合是情境课程的发展方向。儿童情境学习又如何设置综合情境课程呢？此时，回顾成功的语文教学中“四结合主题性大单元教育”，我进一步设计新课程的方略，并顺应国际国内课程发展的趋势，提出了促进各科联系的“主题性大单元综合课程”。由此，情境课程翻开了新的一页：“以德育为主导，以语文学习为龙头，各科融通，课内外结合”，以鲜明的主题横向沟通各个学科及活动，纵向贯穿于全学期的阶段教育中心，在同一主题下相互补充、相互促进，使教育内容作为整体作用于儿童的感知与心灵，为课程逐步走向综合和道德教育在各科的全面渗透寻找到了一个突破口。

学生在园博园进行实地测量和计算

4. 核心领域学科情境课程显示出新的生命力：学科课程与儿童活动结合

课程改革是通过各科教学使课程具体化。为加速学科情境课程的开发，着力构建情境课程的核心领域，通过反思多年来情境教育各科课堂教学的成功经验，我提出了在优化的情境中把学科课程与儿童活动结合起来。学科情境课程从为了儿童的学习出发，将儿童带入优化的情境中，使儿童在暗示、移情、角色、心理场“力”的作用下，伴随着情感主动地投入教育和教学过程，主动地活动起来，进行感知的活动，语言的活动，思维的活动，触摸、模仿、操作等身体的活动。大教育家夸美纽斯的“泛智主义课程论”就强调，“要使活动的训练与认识活动结合起来”，“在认识事物的时候进行实际活动”。杜威的活动课程论更突出了活动在儿童获取经验中的重要地位。在优化的学科情境中，儿童是作为完全的人、作为学习的主体活动着的。在热烈的学习情绪中，以活动推进教学过程，突出在应用中学习知识、主动建构知识，让儿童真正成为学习的主人。客观环境与主体活动充分的协同使儿童全身心地投入其中。对于学习内容，儿童可以感受、可以捉摸、可以应用。学习内容在不同学科、不同年级不断延续，如此反复、深化，使儿童的审美情感、道德情感及理智情感也随之受到了很好的陶冶。学科课程内容与儿童活动结合起来，使学习成了儿童主观的需求，儿童主动的学习又带来成功的喜悦，从而产生探究的乐趣、审美的乐趣、认识的乐趣、创造的乐趣、积极向上的乐趣。

综上所述，儿童情境学习这四大领域决定了情境学习的内容既有横向的拓展，又有纵向的衔接，由此形成了相互联系、相互作用、共同推进的网络式的结构，让儿童学习的知识形成多元的开放系统。儿童在情境中主动发展，知识在情境中生成、构建，社会生活在情境中显现它的价值与意义。这样，儿童与知识、社会，以及知识与社会之间的那种分离、对立就消失了，学科知识中心的课程不复存在了。“美”“智”“趣”系列的教学情境使儿童的需求得到了保证，儿童在主动参与中获得了主动发展，体验到了学习成功带来的快乐以及应用知识的成就感，这些为儿童在知识建构的过程中插上了“基础”与“发展”的双翼。

三、吸纳民族文化的滋养，实现儿童主动快乐的发展

（一）“真、美、情、思”，培养儿童卓越的素养

情境课程先进的理念和主张，不仅借鉴了当今教育科学理论，更从民族文

化经典“意境说”中得到了“根”的滋养。我反复研读“意境说”，从中概括出的“真、美、情、思”四大元素，意识到这正是儿童教育所需的，便大胆地将其运用于情境教育。“真”——给儿童一个真实的世界；“美”——为儿童学习带来愉悦，使儿童获得学习的高效能；“情”——通过熏陶感染使儿童生成学习的内驱力；“思”——拓展思维、想象的空间，开发儿童潜在智慧。

情境课程的实践与研究点燃了我的激情，在课堂上我自己也沉浸在情境中。优化的情境根据教材特点营造、渲染出一种优美的、智慧的氛围，使儿童感到特别亲切，因而情绪热烈。因为情境之美能唤情，而情能启智，所以在情与智的交融中，情境展现出的魅力和灵动促使儿童主动进入情境。在此过程中，儿童的心理世界便会经历“感受—体验—生情—驱动”等一系列变化。人文熏陶则通过儿童自身的体验渗透其中，进而内化为感悟，其间以情感为纽带，以特定的氛围激起儿童热烈的情绪，儿童兴奋不已，争先恐后地发表意见，提出问题，表现自己的才干。儿童主动投入学习活动的状态促进了儿童之间的互动和思维火花的碰撞。我无数次置身于这样的教学现场，觉察到儿童的学习已经不再局限于认知的活动，儿童的情感已经融入其中。儿童的学习活动顺其自然地把情感活动与认知活动结合起来。在优化的情境中，儿童身心愉悦，潜在的智慧得以萌发，呈现了生命的多元色彩。

情感活动与认知活动的结合是儿童学习的一大秘密。好不容易发现了，我就抓紧了它，并非常明确地提出：创设优化的情境，激起儿童热烈的情绪，把情感活动与认知活动结合起来，并持续地进行探究、充实、拓展。情感与认知的结合改变了儿童的学习状态和方式，使儿童由被动接纳变为主动地、积极地、快乐地参与，课堂由此进入沸腾状态。在这样的情境中，儿童普遍产生了学习的热情，取得了学习的高效率、高质量，在主动学习中获得主动发展。近年来，学习科学阐明，“情感活动与认知活动的结合是学习的核心”。我读此欣喜万分。那是因为在 20 世纪 80 年代中后期我不仅发现了，而且运用了儿童学习的这一核心秘密。可谓“如获至宝”。

在此进一步强调，“意境说”中阐述的刘勰对物、情、辞和谐美的追求，从“美物”到“美文”，讲究的便是一个“美”字；同时《神思》篇更是阐述了诗人创作时思维不受时空的限制，进入“思接千载”“视通万里”“神与物游”的奇妙美好的境界。其实，这正是现代心理学所指出的想象引发人的创造性。这些论述促使我在情境课程探索初期就特别着力“美”与儿童“潜在智慧”的发展，我认定这是对儿童心灵的塑造，是对人的天赋灵性的开发，是培养人的卓越素养的早期奠基工程，必然久远地影响着儿童美好的情感及创造性的发展。这样的理念在此后长期的情境课程各科教学中都得到了着力体现。形成的以"情智交融"为主要特色的课程体系，使儿童在获得自身认知中又加深了情感体验及应用操作，美思、乐思、践行充分体现了情境课程整合、熏陶、启智、激励的育人作用，显示出中国民族文化精髓独特的优势。

（二）"真、美、情、思"，成为情境课程理论构架及操作体系的有力支撑

这四大核心元素已渗透到"儿童情境学习"理论体系与操作体系中，对情境课程理论框架的建构给予了有力支撑。在此概要列举诸如先后提出的情境课程五大"操作要义"：以"美"为境界、"思"为核心、"情"为纽带、"儿童活动"为途径、"周围世界"为源泉；让儿童快乐高效学习的五大原则：诱发主动性、强化美感性、着眼创造性、渗透教育性、贯穿实践性；情境课程的基本策略：儿童至上、以情激智、以美育美、学用结合、链接生活等等。这些都充分体现了"真、美、情、思"的育人功能。

四大核心元素不仅渗透到情境课程的理念、主张、策略中，而且影响、主导着课程实施的路径、方式、方法选择。野外情境课程正是在刘勰《文心雕龙》中"情以物迁，辞以情发"论说的启示下一步步生成的。我带领儿童走出学校，走向周围的世界，观察、认识、欣赏真实的情境，使情境课程迈上了富有时代气息的新台阶。因为求"真"，所以课堂学习与儿童生活紧密相连，使儿童的学习系统开放了！儿童在感受自然美的愉悦中认识周围世界，比较、类推、探究大自然的因果关系。随着儿童年级的升高，情境课程十分注重由近及远地从社会生活中优选健康向上的、朝气勃勃的场景以及体现社会美的典型人物及其生活画面，包括从环境、处所、建筑等诸方面带领儿童进行实地观察，并让儿童以小记者、小画家、小摄影家的生动角色进行社会考察和纪实。通过活动前的优选及精心设计充分利用社会美中凸显的活生生的人、景、物，去首先占领儿童幼小的心灵，让儿童因爱美而鄙丑，从爱社会生活的美到热爱生活，进而培养他们参与力所能及的社会公益活动的积极性，帮助他们成为社会生活的"小主人"，培养他们"我是优秀的小公民"的角色意识与自豪感。

在语文、数学、美术、音乐、道德品质等学科教学与生活相关的内容上，

我更是把儿童带入真实情境中去观察、体验、操作，让儿童获得真切的感悟，让儿童在真实的情境中获得知识、运用知识，由此让儿童享受到探究知识的内在联系和将知识应用到实践中的乐趣。

一系列开放的学习活动让儿童在真实的情境中主动发展、健康成长。但同时我也意识到学校教育不可能也没有必要每一门学科、认识每一种事物、学习每一方面的知识以及进行每一种操作都在真实的情境中进行，因此情境课程除了让儿童在真实的情境中去认识外，还十分重视通过精心设计，在课堂上根据教材内容创设模拟的情境。其途径便是，在“美”的引导下运用音乐、图画、戏剧等艺术的直观与实物的演示以及合适的信息技术等多种手段优化模拟情境，使情境美起来、课堂美起来。模拟情境“美”的触发，可激起儿童的“情”与“思”。利用情境渲染的氛围同样给儿童以真切感受，让儿童在愉悦心情中激起热烈的情绪，从而促使他们主动地投入学习活动。

充满美感的情境课堂

让儿童在模拟的情境中进行模拟操作，并结合符号操作使他们更深入地理解知识、应用知识，体现了情境课程的实践性与社会性。情境课程主张将优选的生活中的真实情境与课堂优化的模拟情境并举，目的都是回归生活，让课堂学习与生活相连，让知识与应用相通。如此鲜明的四大核心元素形成独特优势，符合儿童学习规律，满足儿童学习需求。无数的案例表明：正是“真、美、情、思”构成的情境，实现了儿童快乐、主动的发展。

情境课程的构建引起众多专家的关注并得到高度评价，他们认为情境课程好比一块富矿，蕴藏着巨大的、值得开发的宝贵资源。其中，华东师范大学课程论专家裴新宁教授指出，情境课程是“以学习者为中心设计与发展的课程”。课程设计聚焦“蕴含丰富情感和蕴藏着潜能的、活生生的儿童”，这种优化的学习情境是对学生主体性的保证。情境课程不仅体现了当今国际上“以学习者为中心的课程”的共同取向，还为“以学习者为中心”赋予了独特的内涵，并创造了有效的实践路径。此外，情境课程“把学科课程与学生的生活有机链接，将正式环境与非正式环境中的课程加以整合，促进了儿童的卓越发展”，“为当下关注以学习科学为基础的国际课程发展领域增添了中国情境教育学派的贡献，彰显了中国课程新流派的风采”。

实践效果表明，情境课程立足于多种课程资源的优化，遵循儿童发展的规律，根据课程的不同领域、不同功能在优化的情境中构建了一个有机的统一整体，将知识的系统性、活动的操作性和审美的愉悦性以及环境的广阔性融为一体，强调以特定的氛围激起儿童热烈的情绪，在优化的课程情境中促进儿童的主动发展。情境课程努力将外显课程与内隐课程的影响糅合在一起，从学校各个不同区域、时空体现课程的基础性、操作性及多样性，发挥其多种功能。

第八章
在学习科学引领下
——设计儿童快乐、高效学习的情境

一、学习知识的复杂性——整合知识，
选择最佳途径设计情境

二、学习过程的不确定性——以情激智，
唤起持久投入的内驱力

三、学习系统的开放性——链接生活，
凭借活动历练实践才干

四、学习催发潜能的不易性——着眼创新，
不失时机发展儿童的想象力

半个多世纪以来，我从所亲历的课堂实况深深地认识到，课堂能否让儿童学得快乐、获得高效，直接影响着教育的质量，影响着儿童的发展，关系着国家人才的质量。这绝非夸大其词。面对小学生不堪课业重负，我常焦虑不已。作为教师，每天都要走进课堂，我们理所当然地要为儿童构造快乐、高效的课堂。这就必须按规律育人。

就拿学生的主动性来说，学生真正学习的知识必须是自己构建的。学生是主动学，还是被动学，收获和效果是截然不同的。学生是具有主动性的人，他们渴望求知，他们好奇、自信，这该是多好的学习动力！但是，我们的课堂怎么充分激发这种原本就蕴藏在学生心中的、可贵的学习主动性呢？倘若我们的课堂没有压力且生动、有趣，教师又关注着每一个学生的发展，期待着每一个学生都能学得很好，那么期待就会产生效应，学生在教师倾注真情的悉心关注下，便会产生积极向上的情感倾向，就会主动地参与教学活动。所谓以情激情、以情启智、以情育人，一旦学生的求知欲、好奇心得到了满足，他们的思维活动、语言活动就随之处于最佳的状态，进而获得充分的发展。事实上，只有主动学，才能获得事半功倍的学习效果。

随着情境课程实验与研究一步步获得成功，我一直琢磨着：优化的情境为什么能获得高效？我从心理学中初步找到了答案，然而我并不满足，我越来越希望从科学中找到依据。我积极学习脑科学、学习科学等理论，尤其是在学习科学的引领下，我加速了对“儿童情境学习”的研究。快乐、高效课堂的重要前提便是教师的教学设计。这些年来，教学设计在国际上已发展成为各类设计工程中的一个新领域，国际上对教学设计及其理论、研究、模型、规划与进程都有新的阐释，这给我和我们团队的教师很多启示。我们初步形成了快乐、高效情境学习的范式。

一、学习知识的复杂性——整合知识，选择最佳途径设计情境

学习知识对于儿童并非轻而易举之事，知识具有一定的复杂性。知识并不是孤立存在的，也不是人们习惯上认为的一个一个的知识点。学习科学阐明，每一个知识点都是以结构的状态相互联系且处于一定的系统中的，知识是一个动态的、发展的系统。儿童的阅历浅、经验少，学习知识又必须与社会、经验相连，还得经过自身的建构过程，这多方面的因素决定了儿童知识学习的复杂

性和难度。教学设计如何化难为易、化抽象为具象、化单一为与事件关联呢?我们的策略是：整合知识，选择最佳途径，设计生动的学习情境。为学习者提供最佳的学习环境是首要之举。

（一）利用经验设计情境

知识是在一定的情境中发生的。学习科学特别指出，儿童自己已有的知识形成的经验，对他们学习新知识具有支持性。因此，设计的情境首先要与儿童的经验相连，通过情境达到整合知识的目的，使知识镶嵌在生动的情境之中。这样，儿童获得的知识是有背景的、相互联系的，是可以体验、可以感悟、可以周转应用的，而不是僵化的、黯淡的。

例如，安排在一年级教材中的唐诗《春晓》，虽然只有四行，结构上运用了倒叙的手法，但这对于一年级的孩子来说，显然是有难度的，须精心设计。

我让全体学生担当“诗人”，按照儿童生活经验中的时间顺序，体验诗人写诗前所经历的情境。再通过导语设计，一步步把学生带入情境——“夜深了，‘诗人’读书睡着了。”“半夜里，诗人被风雨声惊醒了。”“听着，听着，你又睡着了。”这样，利用儿童的生活经验、担当角色，为诗歌内容结构的理解做了必要的铺垫。然后播放鸟鸣录音，说着：“清晨，你听到一阵阵鸟鸣声，你便吟起诗来，你先吟了哪两句?”“诗人你忽然想起昨天半夜里风吹雨打的情景，你又吟了哪两句呀!”“小诗人”伴随着积极的情绪争先吟起诗来，仿佛诗句真是他们自己做出来的。热烈的情绪渲染了整个学习情境，全体学生都在无意识的作用下情不自禁地进入了角色，很快就学懂了全诗。儿童学习不仅要快乐，还要高效，含蓄着的知识不仅得学活，还得学扎实。

于是，乘着学生的兴致，我进一步设计、落实诗中关键字眼的语意，并利用语意让学生记住它们的偏旁。

这样，利用儿童经验创设情境，在语境中学词，诗中的字眼便可以顺其自然地得到整合，儿童获取的知识便是相互联系的，便可与自己贮存的信息相融合。情境中呈现的背景、事件都给儿童留下了很深的印象，而整合的知识往往具备了较强的解决问题的功能和迁移能力。音、体、美学科的情境学习同样要求把知识、技能的训练镶嵌在情境中。

（二）利用艺术设计情境

情境学习的课堂呈现出美感，显示出特有的魅力。那怎么优选途径设计情境呢？对于儿童来说，其要素就是三个字，即“美、智、趣”。而艺术恰是最理想的。图画、音乐、戏剧、角色表演这些艺术的活动都是儿童普遍欢迎且乐于参加、投入其中的。概括地说，情境学习便是利用艺术的直观与教师的语言描绘相结合，创设与教材相关的、优化的情境，给学生以美的享受，使教学变得有情有趣。

对于小学低年级的教学，别小看简单的教材内容，越是年级低，越要精心设计。优质的设计首先基于设计者准确地把握教材，利用视像和想象走进教材的情境。

一年级的《小小的船》四行儿童诗，我早已熟读在心，设计前我仍然反复品读诗作。这首小诗从眼前的实景到坐在月亮上幻想的虚境，结构上的跨度、语言的跳跃寄托了诗人期盼孩子们飞上月球、探索天体奥秘的意愿。这是诗中的精彩之处，也是难点所在，必须要很好地把握。我体验着诗中的情感，带着想象去设计。

李吉林老师执教《小小的船》

其中，我选择了图画、音乐、担当角色等多样化的艺术手段，与语言描绘相结合，把孩子们带入“飞上蓝天”“坐上小船”的情境中。设计生动的导语："现在你就坐在院子里，尖尖的月亮正望着你……" 伴随着《小小的船》充满幻想的曲子，小朋友们都听得入了神、入了境，真的眯上了眼睛，显得十分甜美。

在音乐的渲染中，眼前的画面、导语的指向整合在了一起，诱发和强化了儿童想飞上月球的愿望，激起他们的想象。课堂生成让我兴奋不已："老师，我飞上去了！""我也飞上去了！""我觉得身子变轻了！""我好像腿变长了！"……这让我感到他们是真的飞上了月球。乘着孩子们热烈的情绪，我即时对他们进行规范的语言训练，使课既活且实。

在这一设计的片段中，图像、空间、音响、语言都整合在"我飞上天了，坐在月亮上"的事件中。由于有事件，儿童很快地接受了，因为大脑特别擅长对事件的记忆。加之音乐、图画、美生成内心的愉悦感，使大脑分泌出大量的神经递质，加快了信息在神经元间的传递，提高了儿童脑的功能。即使是数学学科，操作时也要提出"体现数学的审美性和文化性"。课堂上经常地运用艺术手段，儿童还可从中获得审美感受，使幼小的心灵得到润泽，从而促使其个性在甜美中得到生动活泼的发展，小小的生命体同样显现出多元的色彩。

艺术心理学告诉我们，艺术具有唤情的作用，可以唤起和满足人的情感。情境学习利用艺术的美，让课堂在美的魅力的诱导下使儿童快快乐乐地学习。一个个成功的案例鼓舞着我们深入研究，从理论建构上进一步提出情境学习以"美"为境界、"以美育美"的策略。

二、学习过程的不确定性——以情激智，唤起持久投入的内驱力

学习过程中学习内容的变化、作为学习者的儿童之间的差异、学习者个体本身情绪的不稳定性决定了在学习情境中教师与学生以及学生与学生之间对话的碰撞甚至冲突。加之教师在儿童学习过程中瞬间产生的反思、教育智慧即时的发挥和顿悟、随机应对与引导等等，决定了学习过程的动态性，儿童也随之浸润在一个不确定的学习过程中。

面对儿童学习过程的不确定性，我们在预设对策的同时，必须看到积极的方面，那就是教学的基本原理是不变的，即教学是规律的揭示，这是教学的真谛。而且，儿童的学习行为及学习情绪也是可以预见的，可以从学习过程中线

性的因果规律性去把握。我们的教学设计要充分把握教学原理，珍视教育现场中可能出现的良性现象，并由此拓展开去，“以不变应万变”，以确定的干预获得确定的结果。正因为如此，教学设计也才有它现实的积极意义和价值。简言之，我们的策略是以教学原理的稳定性来抗衡学习过程的不确定性，以把握儿童动态的认知过程。情境教育孕育的儿童快乐、高效学习的范式，把“儿童的情感活动与认知活动结合起来”作为情境学习教学设计的基本原则。学习科学亦明确指出，这二者的结合正是“儿童学习的核心”。

（一）满足需求，形成驱动

传统的灌输式教学脱离儿童的经验，把课堂与周围世界的联系切断，舍去教材的情境，以单纯的符号式的方式进行讲解，违背了儿童学习应该遵循的规律，很难激起儿童学习的积极情绪，使儿童产生学习动机。

积极情绪的参与恰恰是主动学习的关键。情境学习的教学设计正是以儿童为中心，首先考虑的是如何激起儿童的学习需求，形成学习动机。例如，《海底世界》是一篇三年级的常识性课文，没有角色也没有情节。我便将课文情境化、拟人化，把知识镶嵌在相关的情境之中，根据教材的内容与结构层次，针对儿童的好奇心，设计了“实地考察”“查阅资料”“运用现代化仪器”“搜集标本”“展览汇报”等模拟的且具有普遍应用性的系列情境，把知识与真实世界联系起来，把“海底世界”作为儿童探究的对象。儿童成了探究知识的主角，学习成了儿童的主观需求，儿童便会主动投入学习过程。

在设计的情境中，教师是海洋研究所的所长，学生是研究员。设计导语：“为了研究一个事物，常常须要到实地考察。为了了解海底的世界，现在让我们潜入大海……”情境的真实感，担当角色的新异感、自尊感以及即时的体验，促使学生带着想象学习课文，诱发他们自己去探究发现景象的奇异之处，进而自己提出问题。

当时有儿童激动得把铅笔盒竖起来当作“对讲机”：“报告所长，我是阿波罗1号，我在海底500米深处发现点点星光，请问所长这是什么现象？”“潜水员们”一个个争着报告观察所得，好像真正身处在大海深处实地考察。可见儿童当时内心的激动和思维活跃的程度。提出问题后，我又让儿童自己查阅、检索资料（补充的相关教材，以主篇带次篇）。这样，从学习的形式到内容都使情境学习具备了丰富性。情境学习的教学设计总是设法引导儿童自己去看、去倾听，即便是“仿佛看到了”“仿佛听到了”也同样是真切的。

这样设计的情境和儿童的学习方式、思维方式、交往方式等方面的特征是与真实世界相协调的，这就决定了情境学习的合理性、创造性。情境学习的设计者要有广阔的思维空间，用放大的视野看世界。

心理场的理论告诉我们，当学习活动成为儿童的主观需求时，必然会产生向着教学目标的内驱力，而且，教学内容的多元组合，“丰富性中的力量就会显示出来”。这些“力”都十分可贵，它必然会驱动着、导引着学习者积极参与，使其勃发出很高的自主性和能动性，使不确定的学习过程变得顺理成章、水到渠成。从某种意义上讲，学习是由预想的结果所决定的。

（二）把握情感脉络，推进学习过程

情境学习运用艺术的直观创设情境，可唤起儿童的情感，使儿童进入情境去感受美，在学习中获得愉悦的满足。我也无数次目睹儿童热烈的学习情绪、情感推动着的学习活动现场，发现积极情感可以帮助儿童逾越障碍，预防、抵御不良情绪的产生。这时教师的主导与儿童的主动便会融合起来。

儿童是富有情感的小小生命体，他们的情感易于被激起，可以连续，不会戛然而止，关键是课前设计和课上教师引导要把握好儿童情感的脉络，推进学习过程。

例如，在《凡卡》一文的教学中，导语的设计以优美的文学语言渲染了一种凄美的气氛，儿童不禁“生情”。儿童的情感是在认识事物、认识人物的过程中产生、发展的。因此，根据小说情节的发展突出主人公的形象，我设计了系列的、连续的情境，播放悲凉的轻音乐，让儿童走进小说描写的情境，以唤起儿童的情感体验，促使儿童的情感一步步发展起来。

让儿童担当“目睹者”，结合插图，通过联想与想象出现的“视像”，儿童仿佛亲眼看到了凡卡正流着眼泪偷偷地给爷爷写信的情景。接着，我又让儿童运用第一人称讲述凡卡所受的折磨。由于人称的改变，凡卡就成了“我”，他们读着、讲着，体验到凡卡孤独的处境与哀伤的心情，凡卡打动了他们幼小的心灵。他们深情地朗读着，祈求着爷爷，仿佛自己就是凡卡在呼唤着爷爷，并忍不住流下了眼泪。显然儿童的情感已经移到了凡卡身上……

由此，儿童一步步走进小说中的情境，体验情境，由入情到动情、移情，进而学会抒情。在课堂上孩子们就急切提出“凡卡的这封信爷爷能收到吗？结

果会怎样呢?”进而又做了种种猜想，展开了生动的描述。

在情境学习过程中，课堂群体形成的这种热烈的情绪、真切的情感渲染了积极学习的氛围，引起了学生普遍的内心激动，这正是保证教学过程顺利推进的宝贵的环境。学习科学强调指出：“学习是高度地受所发生的情境调节的。”情感在各种层面运作上具有连续性。在思想品德课的设计思路中，我们也鲜明地提出以“美”激“爱”、以“爱”导“行”，把握儿童情感的脉络，珍惜儿童学习的积极情感，使他们产生持续的学习动机，使整个学习过程一步步在满足儿童的主观需求中进行。这种热切的学习主动性使儿童顺其自然地投入教学过程。脑科学指出：“只有情绪才能为我们提供足够多的热情来达到目标。”“情绪信息总是比其他信息优先得到加工”，且留下的情绪记忆难以磨灭。这就从脑的活动方面保证了情境学习的高效能。

从我们的一个个实验班、一批批学生的表现可以清晰地看到：情境学习的教学设计引导儿童进入情境、体验情境、想象情境、构架情境，有效地培养了儿童的审美情感和道德情感。这种高级的情感是人的灵魂。其实，人一定是在其生命早期，即个性、价值观尚未形成时就逐渐感受到知识之美、世界之美的，在懵懂中依稀懂得“爱美”“乐善”“求真”是多么好的，这使他们成为洋溢着生命情感的个体，甚至自觉不自觉地把自己的情感移入大自然、移入生活、移入他人，为从小培养卓越的素养做了有效的铺垫，在持续的、耳濡目染的一点点积淀中成长起来。这正是我们对教育最美好的憧憬。因此，在这里我想强调的是，儿童的学习绝不是也不可能是单纯的知识学习，其间一定蕴含着人文熏陶，从而丰富儿童的精神世界。情境学习教学设计的出发点就是为儿童营造最佳的学习环境，使其主动投入学习活动，身心获得全面的发展。

三、学习系统的开放性——链接生活，凭借活动历练实践才干

知识的本源在于它的社会性、建构性以及情境性等方面，这些都决定了学习系统的开放性。尤其是在当今社会，新知识源源不断地向我们涌来，学习系统更是进一步开放。因此，如果我们用封闭的方式教给儿童知识，显然不符合知识的本质特征，也是与儿童学习知识的规律背道而驰的。所以，学习科学始终强调学习活动是人与世界的互动。

基于学习是发生在一个多元的情境中的现实，儿童情境学习主张课堂学习

与生活链接，提出把学科课程与儿童活动结合起来的具体策略。儿童通过持久的系列活动来历练实践才干。事实上，儿童生命的历程始终贯穿着自身的活动，课堂设计的教学活动更要把培养儿童的学习能力作为教学的中心，连同情境德育也设计成“儿童主动参与的活动”，而非说教，以此引领儿童充分地活动起来。

（一）建构知识

传统教育在教学过程中往往忽略知识的建构性。开放的课堂还需要学生自己建构知识，那就要学生亲自介入、参与，热情地投入其中，其最重要的、无可替代的途径就是活动。

教材是学校课程实施的重要凭借，学科教材是人类优秀文化的再现，从某种意义上来讲，教材记录了人类智慧的结晶，传承着人类的文化价值，包容着丰富的系统知识。因此，在课程中，设计学生的活动切忌将教材搁置一边，忽略教科书的重要功能，为活动而活动。课堂上学生的活动必须根据教材特点，以教学目标、教材内容为依据进行设计，让学生在优化的情境中建构知识，把知识学活、学扎实。

课堂设计的活动可使学生在已有知识的基础上建构知识，他们关注的新知识以及提出的问题会形成建构知识的拉动力。课堂设计的活动可让学生感受到知识产生的情境，找到知识的根，感受知识的文化意蕴。记得我和数学教师一起讨论设计平行四边形面积的计算公式一课时，我们以开放的理念打破了传统的经过教师的演示、讲解，把平行四边形的公式教给学生的套路，把学生带到知识产生的历史情境中，有意识地让学生自己去发现知识。

教师设计的情境以叙事的形式做导语，并以简笔画勾勒了古代老农的小屋和小屋前的一块平行四边形的地，把学生带到平行四边形面积计算公式还未发现的那个年代中。“现在你们来担当古代小小数学家，看谁能破解这道难题。”教师再从数学史的角度告诉学生，“人类发现长方形面积公式以后，只用了不多的年月就发现了平行四边形面积的计算公式”，暗示两种图形面积计算之间内在的逻辑关系。

学生进入这样的情境中，自己是“小小数学家”，手上都拿着同样面积的长方形和平行四边形，在古典音乐的伴随下专心地端详着、思考着、比对着，试着切割、协商、交流，在各自的观察、分析、思考中建构知识。片刻后，便接二连三地有学生兴奋地报告：我知道可以用计算长方形的公式来计算平行四边形。小小数学家解破了难题，公式由他们自己发现了，然后再进行现场测量计算。这与学习科学提出的让学生自己去发现或创造的观点相吻合。小小数学家们兴奋不已，仿佛人格也提升了，颇具成就感，学习兴趣倍增。

（二）模拟操作

学科课程与学生活动相结合，以活动推进教学过程，摒弃了传统课堂许多无效的陈规老套，突出了知识在应用中学会理解、在应用中学会应用的教学理念。事实上，知识只有在解决问题中被灵活运用才是有价值的。我们无论是在语文教学中还是在数学教学中，都常常带领学生走进生活，走向野外。在这些非正式学习的模拟操作中，将知识与世界相连，极大地提高了学生运用知识的实践能力。

课堂的模拟操作、模仿生活中的人物、模拟劳动的场景都让儿童似曾相识，儿童不仅感到特别亲切，而且能亲自动手、动脑。角色扮演又颇具“游戏精神”，在互动中历练技能、技巧，对儿童更具诱惑力。所以，模拟操作对儿童来说是形式特别生动的有意义的知识学习。

再如，《认识三角形》一课，我们的设计以学生为中心，展开了一系列的学科活动。其中引导学生交流他们在课外生活中发现的多种三角形，为理解三角形具有稳定性的特质获得了大量的感性材料。随后为引导学生进行实践操作让学生做“小木匠”，设计怎么利用三角形的原理修好一把摇晃的椅子。当“小木匠”叮叮当当把木条钉在椅子拐角处构成三角形时，小木椅就稳稳地站在课桌上了，学生开心得鼓起掌来。知识在实践中得到运用，学生乐不可支。此时课堂的热烈氛围激发了学生的思维活动，有学生提出：“我们还发现了三角形的小红旗和三角形的蛋糕，这并不能表示三角形的稳定性，那又有什么功能?”于是全班学生讨论，增加了三角形还有“节约材料”“增强美感”的功能。学生自己得出的结论丰富了教材，这充分表明课堂与生活链接有效地历练了学生的实践才干。这是封闭式的教学想也想不到的场景，学生的模拟操作更为直接地将课堂学习进一步与生活链接起来。世界变大了，知识走近了，学生才能产生体悟。其实质就是“做”，就是“用”，可谓“笃行之”。学的本领会用了，学生顿觉自己能干了、长大了，享受到了学习的快乐。

《认识三角形》课堂教学

（三）对话共进

学习科学指出，人们对世界的认识、理解，总是不得不受个人视域的限制，所以现代社会需要共同体、需要协商。为了更好地生存于社会，任何人终生都需要与他人进行对话。世界博大无垠，尽管儿童总是以好奇的目光去关注周围的世界，但看到的还只是世界的一隅一角，认识到的只是表层的现象，那是有限的、极不完整的。所以，无论是从现在对知识的获取来看，还是从未来进一步了解世界来看，儿童都需要从小就开始学习与人对话，从而丰富自己。

儿童学习中的对话一般是在班级或学习小组内，在教师与学生、学生与学生之间展开的，在相互启发、相互促进中进行的。以对话的方式引导学生提问、答复、说明、释疑、比较、争辩……自由表达。总之，设计对话活动需要引起儿童思维的碰撞、擦出儿童思维的火花、激起儿童热烈的情绪，从而促进他们相互交流、相互感染。角度的不同、见解的差异加深了儿童对知识的理解。经常性的对话活动促使儿童在互动、互补中逐渐学会协商、合作，达到共进，这体现了对话的多种功能。

设计教学中的对话首先要根据教学目标选择引领学生深入学习知识的话题，

引发对话的需求。话题的设计和选择也应该是多角度的，可紧扣教材，也可由此延伸和展开，连同对话的形式也须精心设计。对话之始，同样需要教师激起学生对话的需求，明确对话的要求，做到有问有答，彼此交流。如四年级《太阳》一课，为了引导学生了解太阳，对天体探究产生兴趣，我提出“对于我们好像熟悉、其实陌生的太阳，你们想知道它的什么?”由此从学生经验引发对太阳探究的热情，他们一下子就提出了十几个与教材相关的问题。

于是在设计中又鼓励学生通过对话自己去解答。为了寻找答案，我让学生担当“小天文学家”研读课文。新的角色身份使学生急切地想找到答案，从而带着非常积极的情绪去学课文，去了解太阳、研究太阳。

顺着学生的思路，以“太阳与人类的关系怎么密切”为中心话题展开对话，启发和要求学生一并提供表示因果递进、转折变化以及假设的关联词语，以提高学生对话的逻辑性和语言的思辨能力。从课堂反馈可以看出，对话前的引导和明确的要求十分重要。现略做摘引：

“虽然太阳的温度相当高，但是它离我们很远，所以不会把我们烧死”“虽然太阳是那么大，但是它离我们太远了，所以看上去它只有盘子那么小”“因为有了太阳，所以我们在傍晚，就能看到美丽的火烧云”“因为有了太阳，所以大地才会变得生气勃勃，花儿才会盛开，草儿才会成长”“有了太阳，世界上才有小鸟、小动物，才有了人类”“因为有了太阳，所以我们能看见金黄的稻田”“如果没有太阳，世界将到处一片黑暗，就不会有人类”……

对话让学生的思维特别活跃，且体现出了事物间的因果、转折、假设关系。由此，可以让学生认识到如何运用多角度的、辩证的思维方法去理解和分析问题。学生看法不同，思维多样，从而获得了新知。

为了对话的生动性，教师让学生扮演或担当角色，如记者、科学家、作家、导演、战士、老师、家长、导游、老农等，让学生与他们进行对话。在进行对话、协商的同时，情境学习还特别注意引发儿童的探究性思维，培养思维的深刻性，并给儿童留下沉思、冥想的空间，以培养儿童独立思考的能力。

从上述可知，儿童在情境学习课堂中活动时，他们的视觉、听觉、触觉以至肢体都会获得最为和谐、协调的感受，整个身心都投入其中。这种在教师有目的的导引下的活动便会产生蕴含着知识的意义。这样，多种感官充满了情绪色彩，在大脑里留下深刻而鲜活的印记，必然提高儿童学习的效率且令儿童身心愉悦。

四、学习催发潜能的不易性——着眼创新，不失时机发展儿童的想象力

学习科学强调，“有意义学习本质上是创造性的”，创造力就是解除传统束缚的思维力。几乎每一个儿童的大脑都隐藏着巨大的潜能，具有无穷的创造力。但潜在的智慧并非已成现实，这是一种“沉睡的力量”。既是沉睡，就须唤醒，且要及时唤醒。因为儿童的这种“可能能力”若得不到及时开发，便会产生“递减现象”。这是一种渐变的，而又无法挽回的可怕现象。但遗憾的是，不少教师每天走进课堂，每节课都认真地教学，但并不见得都能意识到自己辛辛苦苦的讲解、严格的要求、标准的答案，这种划一的教学不利于对儿童潜能的发掘。可以说，这是一种“罪过”。基于开发儿童潜在智慧的不易性和因忽略而对儿童造成的不可弥补的危害，我们必须不失时机地在儿童生命的早期开发其潜在的智慧，必须深刻地认识到儿童是一个活脱脱的小生命，有可能长成具有高智慧、大智慧的人，我们必须悉心呵护、倍加珍爱、及时催发。

抓紧儿童最具想象力的关键时期，情境学习以“让儿童在美的、宽松的、快乐的情境中，通过发展想象力来培养创造力”为催发儿童潜能的策略。想象是儿童最宝贵的思维品质。想象孕育着创造的嫩芽，想象是开发儿童潜能、发展创造力的一把金钥匙。教学设计应打破一切扼杀儿童想象的枷锁，应引领儿童到更广阔的课堂中去，发展其想象力。情境学习着眼创造，不失时机地为他们的思维飞向创新的高地添翼。

（一）持续积累表象

儿童最善于想象，而想象正是创造的开始。针对儿童的想象是由表象组合成新形象的特点，情境学习十分注重儿童表象的积累，精心设计许多让师生终生难忘的观察活动。由于这些表象笼罩着情感色彩，储存在儿童的记忆中，所以表象就易成为儿童想象的鲜活材料。因此，教学要重视表象的积累。表象从哪儿来？要利用眼睛去发展想象。儿童的观察需要引领和指导，以唤起他们的有意注意。教师要由近及远，引导儿童进行持久的观察。从有指导地带领儿童去观察到放手鼓励儿童各自主动地去观察。一棵小树、一丛花草、一只小动物，

甚至是窗外的一处风景、一种瞬间的现象……都可成为儿童的观察点，儿童都可从中获得表象。在教师的督促和鼓励下，可逐渐培养起儿童敏锐的观察力。这样的引导与儿童喜欢睁大眼睛看世界的需求是相协调的。

带领儿童到野外观察“萝卜娃娃”

记得二年级一次教《谜语》，其中一个谜底是“电灯”，学生一下子就猜到了。想不到有学生随即提出：“如果是日光灯，谜语该怎么编?”这是教学设计中没有预见到的生成。我敏锐地意识到这是让学生带着欲望快乐思考、大胆猜想的好时机，便鼓励大家来编一个谜底是“日光灯”的谜语。少顷，一位小朋友站起来信心十足地说：“屋里有根藤，藤上结了根长丝瓜，一到太阳落，瓜里开红花。”话音刚落，孩子们开心地大笑起来，快乐无限。接着，马上又有学生纠正“日光灯不是开红花”，应该是“瓜里开银花”。我想，二年级的小朋友为什么能这么迅速地编出谜语？联想到不久前，我带他们到田野里观察丝瓜，孩子们看到六七十厘米长的丝瓜从棚上垂下来，感到非常新奇。由此表明，他们在兴奋的情绪中所获得的表象帮助他们进行了组合，创造了新的形象。

作文是创造性很强的作业，除了需要语言能力还要有创造能力。记得学生在五年级时进行一次独立作文，我要求他们根据自己平日的观察，选一种没有生命的物体，写出它的品格特点。学生自己选题，自己命题，感到很自在、很乐意。后来我批阅时发现，他们所写题材各式各样，仅题目就有 20 多种。他们都写出了真情实感，赞美这类物品的特点，且富有哲理。究其原因，就是他们通过长期养成的观察习惯积累了丰富的表象，获得了“直接的印象”，为他们的想象思维提供了丰富的材料，为新形象的组合做了重要的铺垫。

（二）即时嵌入契机

儿童的想象不会凭空产生，需要引发契机，我们的教学设计必须为儿童提供“需要的推动”，使他们形成想象的欲望。我在这一环节的课堂教学设计中意识性很强，只要教材有空间，我便会根据教材的特点在设计中即时嵌入想象契机。其实，儿童常常是带着想象去阅读、去思维、去表达的。让儿童展开想象，真是“正合他意”。从一个新的角度去思维、去想象，不仅丰富了课文内容，加深了学生对知识的理解，而且开发了他们的创造潜能。

即使是在野外观察中，我也不失时机地为儿童即时嵌入想象契机，引导儿童展开想象。记得那是一个金色的秋天，我带着三年级的孩子去观察桂花。我设计安排了“找桂花—看桂花—问桂花—捡桂花”的顺序，当孩子们围在桂花树前，我启发他们把眼前的桂花树当作“桂花姑娘”，与之对话、进行提问。角色的转换使他们情不自禁地去体验桂花内在的美，孩子们问来答去，对话很精彩。“美”激起了“爱”，他们弯下腰，心疼地把落在树下的桂花捡起来。一朵一朵，聚在小小的手掌中。片刻，几乎是同时，孩子们把手中的桂花放到我的大手中，小小的桂花此刻成了孩子心目中美的精灵。我双手捧着，顿觉手中最轻不过的小桂花变得沉甸甸了。这是超越了我教学设计的一幕场景，霎时间令我不知所措。但桂花的“美”、孩子的“情”驱动着我即兴设计，把孩子们带到草地上集体编“桂花姑娘”的童话。

我把手中的桂花轻轻撒落在一个小女孩的头上、发辫上。在孩子的眼里，她俨然成了真正的“桂花姑娘”了，孩子们用新奇的目光端详着……刚才观察桂花获得的直接的美的印象和感受，对桂花姑娘的新奇、怜爱，连同编童话幻想的形式，都激起孩子们创造的欲望。凉风习习，又送来阵阵桂花的甜香，孩子们身心俱适，此情此景构成创造的最佳情境，一对对想象的翅膀扇动起来了。

我和孩子们都没准备，都是即兴的思考、即兴的表达。我鼓励大伙儿一起编，我一句、你一句地想着、编着。一个孩子给故事开头了，“桂花姑娘原是个穷人家的姑娘，她被狠心的地主抓走了”；紧跟着便有一个个“后来……”，孩子们用善良的童心和纯真的智慧，一起编织着一个书上从来没有写过的美丽的童话……

孩子们不仅想到“桂花姑娘勇敢地逃出来”，还想到“好心的风伯伯来帮助她了”。听到这儿，我心一亮：有了风伯伯的帮助，桂花姑娘就会飞起来。孩子们都兴奋起来，果然有孩子接着说：“桂花姑娘乘着清风一直飞向月亮，她到了月宫里，长成了一棵桂花树，陪伴着嫦娥姑姑。”孩子们真是想象得太美妙了。神话般的想象罩上了智慧与神奇的光环。接着又有孩子说：“桂花姑娘在月宫里思念人间，便撒落下金色的桂花种，从此大地上便有了桂花树。”另一个孩子补充：“为了不被地主发现，她便躲在绿叶下，开出一朵朵小小的金黄色的花……”

天上人间，多么宽阔的想象空间，观察、思维、想象的融合创造出一串串美丽动人的童话。在幼小的心灵中可以迸发出如此耀眼的智慧火花，这是惊人而又可贵的。孩子们沉浸其中，体验着创造的快乐。在班级和谐的共同体中、在特定的情境中，这种即兴的教学活动是最能激发儿童潜在智慧、激活儿童灵性的。因为没有事先谋划的束缚，在那瞬间思维迅速地、跳跃式地自由驰骋，涌现出儿童潜在的无穷的创造力。这深刻地告诉我，没有互动就不可能有“即兴”和“涌现”。嵌入想象契机，真是要“不失时机”。

孩子是喜欢创造的，教学设计无论是在课堂上还是在野外，都把握了我自己归纳的“四要素”，即训练感觉、培养直觉、鼓励求异、大胆想象，这让儿童的创造活动在宽松的、无拘无束的情境中进行。

（三）引入广远意境

古代文论“意境说”中用“思接千载”“视通万里”形容诗人创作时的情态，诗人能想到千年之久、万里之远，想象空间可以如此宽阔。古代的诗人尚且如此，何况21世纪的儿童呢。我们作为教学的设计者，应该意识到孩子面对未来世界给人们的思维方式带来的是“可能”，是“不确定”，是“飘忽”“变幻”“互动”，从而使人们改变了对世界的认识。为了开发儿童的潜能，我们很有必要打破程式化思维的定式，导引儿童主动地在自由宽阔的空间里思维，进入广远意境，追求创新。那虽是虚无缥缈的，但又是可以操作和落实的。通过设计，可以让儿童在没有束缚、没有统一规定的环境中，将在课堂上已激起的情绪和教材中的意象、学科训练结合起来发展想象力。

在情境学习的阅读和作文教学中有意识地设计与教材、与儿童生活相结合的富有创造性的语言训练。

在阅读课上经常设计创造性复述，比如“小猴子第二次下山”，续写“贝多芬回到旅店以后，追记月光曲的情景”。学了《种子的力》则让孩子编写“大力士比武”的童话。孩子们心中的大力士既神奇又颇具哲理，关于谁是“大力士”，学生各有自己生动而深刻的见解。有的说：“我们大伙儿一起推，就把岩石推下去了，这说明大伙儿的力量可以超过一切；大伙儿才是真正了不起的大力士！”也有的说：“真正的大力士是大象！大象诚恳地表示：‘不，不是我，是那能吊起万吨钢铁的大吊车啊！’一旁的大吊车却谦虚地说：‘不，最了不起的大力士是人类，因为是人类造出了我！’”由此也可看出，想象加深了学生对社会现象的认识。

中高年级的学生展开想象需要宽阔的思维空间，那么低年级的小朋友是不是可以窄一点？其实，越是年龄小的孩子，越是会无拘无束，想入非非。记得我在教了一组儿童诗以后，给一年级孩子上了一堂思维训练课。最后我设计了一个训练，让孩子画一对翅膀，让他们的思维随着“翅膀”飞起来，并问：“你准备把翅膀送给谁？”这“飞”的动态，连同赠送的对象、目的，都可以让儿童想得很远、很精彩。他们的表述也让我感到无比的惊喜。他们兴奋地表达了各自的心愿，说：“我把翅膀送给面包，让它快快飞到世界上没饭吃的地方，让饥饿中的穷人，尝到中国的新鲜面包！”“我把翅膀送给书籍，让书籍飞向外星，让外星人读到我们的书，不过我担心他们看不懂我们的文字。”“我把翅膀送给李老师，李老师外出开会就不用坐火车和轮船了，这多节约时间呀！”“我把翅膀送给我自己，我要飞上月亮，看看月亮上是不是真的有小玉兔。”……

科学、人文，美妙、神奇，让儿童的想象向创新的高地飞去。

在作文教学中，从儿童低年级就开始的想象性的情境说话，如《冬爷爷的礼物》《萝卜娃娃看到了田野》《我和小树交朋友》《春姑娘的大柳筐》《小鸭子离开我们以后》，到中高年级的《我是一棵蒲公英》《菜花儿比赛》《我想在××留个影》《海底世界漫游记》《假如卖火柴的小女孩来到我们中间》《凡卡的信发出以后》等结合观察活动、阅读教学进行的一系列的想象性作文以及童话创作，使孩子们美滋滋地进行着创造性的语言活动，开发了孩子们的潜能，使他们的语言能力在快乐中得到有效的训练，使他们更加乐于想象、乐于表达，从而达到了新课程标准的要求。

实践表明，儿童的创造力只有在学科学习中结合能力训练，发展儿童的想象力时才能得以培养。即使在音、体、美学科中，情境学习也鲜明地提出把想象与技能、技巧的训练结合起来，在自我表现中开发儿童的创造潜能。

综上所述，情境学习多年来在学习科学的引领下，窥视到儿童学习的秘密之一角。针对儿童学习知识的复杂性、学习过程的不确定性、学习系统的开放性以及学习催发儿童潜能的不易性，我们以“利用艺术之美”“情感生成之力”

"凭借儿童活动""发展想象、培养创造力"为对策进行教学设计。这体现了情境学习特有的"真、美、情、思"四大元素。让儿童在与教师和小伙伴的互动中，与世界和生活相连中学习知识，这为他们的学习提供了丰富给养和有力支撑，给他们营造了最佳的学习环境——一个"愉悦的""丰富的""安全的""且可以活动于其中的环境"，使我们的教学设计更具科学性、更具创造性。

在此我想引用钱旭红院士指出的"科学知识不等于科学精神，人文知识不等于人文精神"，以强调教学设计也不仅仅是技术层面的运筹帷幄。世界的发展需要儿童超越知识的局限，我们进行教学设计也必须随之形成不断超越自我的意识和能力，在学习科学的引领下，用"童心"和"真情"来"精心设计"，以"精心"换来"精彩"，以达到真正意义上的"优质教学设计"、创造性的设计。这就从根本上保证了课堂的快乐、高效——儿童全面和谐的发展是情境学习矢志不移的宗旨。

领导专家走进情境课堂，欣喜万分，称赞孩子们学习的快乐与高效

第九章
走中国教育自己的路
——构建中国式儿童情境学习范式

一、从发现弊端开始，为寻求教育现实问题的答案，探究儿童怎么学习

二、创造性地运用民族文化经典，概括儿童情境学习“真、美、情、思”四大核心元素

三、营造最佳儿童学习环境

四、发现儿童学习的“金钥匙”——情感与认知融合

五、为儿童快乐高效地学习，构建中国儿童情境学习范式

一路走来，回顾最初，是博大精深的中国文艺理论经典“意境说”给了我启发，让我把孩子从封闭的课堂教学带回多彩的生活中，让我找到语言和思维的源泉，使情境教育的探索迈出了第一步。我成了中国教育改革的第一批弄潮儿，那时必然是摸着石头过河，但目的却很明晰，就是一切为了儿童的发展，为了正在成长中的全人。这是我探究情境教育的出发点和归宿。

庄重的使命感不断地召唤着我，不断地驱动着我去探索、去思考、去学习、去行动。对于神圣的儿童教育，我必须虔诚相待，我把人生成熟期的黄金岁月悉数交给了儿童，全身心地沉浸在情境教育的探索与研究中。

经过多年实践，情境教育开创性地探索出了儿童学习中情感活动与认知活动结合起来的有效途径，弥补了教学认识论中长期存在的一大缺陷。我还概括出了情境教学“形真”“情切”“意境广远”“理寓其中”的四大特点，这些特点在早期就显示了民族文化的色彩。

寻求解决问题的答案，不仅须要苦思，还须自觉地反思，学会善思，为此，我逐步走上了理论与实践相结合的道路。走在这样的路上虽艰辛，但是更多的是快乐与充实，时时似有一阵春风拂面的感觉，我这早已年逾古稀的老人也像个年轻人一样充满活力。这种创新激起的生命活力让我乐此不疲，努力地朝着彼岸前行。我们再也不能沉沦于应试教育，不能扼杀儿童的灵气和创造力，损伤他们纯美的幼小心灵和健康。我清楚地认识到，一个世纪以来，中国的教育还没有完全走出一条自己的路。从 20 世纪开始先学习日本教育，进而是引进欧洲教育，到新中国成立后全盘照搬苏联教育，这就走过了大半个世纪。20 世纪 70 年代末，中国改革开放的大门在打开的同时，也为中国教育工作者铺展了一条中国式的教育创新之路。当时我对这样的认识虽不深刻，但愿望是真切而又急切的。心想，我们不能反复地去论证别人已经做过的东西，要做自己的东西，要走自己的路，只有把现代教育理论与民族文化的精髓结合起来，才能真正迈出新的步伐。

在探索儿童情境学习的过程中，我反复研读古代文论经典《文心雕龙》，从中国民族文化“意境说”中汲取丰富营养并加以提炼，从中概括、揭示出关键的四大元素，即“真”“美”“情”“思”，这正是儿童教育所需。爱美、多情、喜欢活动、潜藏着智慧是儿童共同的特点，我将此列为儿童情境学习的四大核心元素，根据儿童学习的规律，以四大核心元素为支撑，进一步构建了相应的情境课程，并概括出五大“操作要义”，即以“美”为境界，以“情”为纽带，以“思”为核心，以“儿童活动”为途径，以“周围世界”为源泉。在这五条中，关键词是“美”“情”“思”，以“周围世界”为源泉蕴藏的便是一个“真”。在实施过程中，我们始终求“真”、求“美”，“真”与“美”又唤“情”、启“思”。四大核心元素显现的魅力与生成的内驱力形成合力，满足了儿童需求，符合儿童学习规律。因此，“真、美、情、思”构成的情境实现了儿童快乐、主动的发展。

40 年过去了，我一点一点揭开儿童学习的秘密，终于构建了“儿童情境学习的范式”。

课程周刊

聚焦课改前沿　引领专业成长

中国教育报 09

构建情境教育儿童学习范式

坚定文化自信
发展素质教育

开启新时代教育
改革的壮丽画卷

《中国教育报》2017 年 11 月 22 日刊发李吉林的《构建情境教育儿童学习范式》

一、从发现弊端开始，为寻求教育现实问题的答案，探究儿童怎么学习

学科课程是儿童学习的内容，尤其语、数两科是占用儿童时间和精力最多的。因此，我首先从自己教学的语文学科出发探究儿童是怎么学习作、怎么学阅读的。

（一）探究儿童怎么学习作

1978 年秋天，我走进了一年级的教室，当时语文教学的课堂是封闭的，没有形象，没有情感，没有生气，我觉得那是一片荒芜的土地，小苗在这样的土地上不可能枝繁叶茂。孩子们满怀着美好的憧憬走进课堂，但现实却令他们失望。当我看到他们黯然神伤的目光，我意识到教育的弊端是儿童发展的绳索。我心想，一定要让孩子从封闭教育的捆绑中挣脱出来。

在苦苦求索中，我从外语教学中的情境教学联想到中国古代文论“意境说”，它含蕴着东方文化的智慧和审美意韵。这让我仿佛在迷雾中看到了闪烁着温暖光亮的灯盏。

我习得的第一个理念就是刘勰在“意境说”中阐明的“情以物迁，辞以情发”。它表明人的情感随着客观外物的变化而变化，而情感会触动语词的萌发，这阐述了“物”“情”“辞”三者的关系。我琢磨着，这里的“物”即客观外物，用现代语词表示就是周围世界的某一场景。倘若没有对“物”的感受，“情”如何“迁”，“情”不动，“辞”又如何发？

我又想，诗人知晓客观世界会影响自己的情感变化，情感又会触动语词的萌发。但儿童不可能像诗人那样看世界、动情感、去体验、去抒发。我内心思忖着，作为语文教师应该引导、帮助儿童学习语文。

当时教育的现实是一年级语文以识字教学为主，这错失了儿童口头语言向书面语言发展的关键期。针对教育现实的弊端，我提出儿童习作“提高起点，提早起步”的想法。于是，我走出校园，走向周围世界，优选适合孩子的典型场景。我勇敢地把孩子带出封闭的课堂，让他们走进风光无限的大自然，春夏秋冬、花草树木、鸟兽虫鱼、风云雨雪、冰雾雷电，都是他们乐意观察和欣赏的客体。他们睁大眼睛看着这五彩斑斓的世界，发现了世界竟是如此美丽、神秘。孩子们兴奋得如同小鸟从笼中飞回了林间，幼小的心灵竟装得下浩瀚的宇

宙。儿童感动于其中、激动于其中，周围世界中智慧的源泉汩汩地在儿童心中流淌。

儿童通过感官非常具体地认识周围世界，这种亲眼所见、亲耳所闻的实际感受，环境与儿童的这种相互作用，让儿童逐步做到“多见而识之”，获得丰富的思维材料，积累展开想象的映像，使儿童在情境观察中获得真切的“感受”，激起“情致”，产生兴奋的情绪和表达的欲望，使他们有了说话、写话的生动题材。我顺势提出把观察与情境语言训练结合起来，把观察与情境思维发展结合起来，把观察与情境想象结合起来，这就加深了儿童对情境中画面的感受，唤起了儿童表达的欲望。儿童只有通过自己的观察，才有可能把词与周围世界联系起来，习作才可提早起步。

对初学说话、习作的儿童来说，尤其以引导其“鸣发内心的感受和兴致”为主。在观察现场我不止一次感悟到，当观察的情境富有美感，情境作为审美客体展示在儿童眼前时，他们便能够通过感官与心智感受美。在审美愉悦的冲动下，儿童高高兴兴地不容自遏地去想、去说、去写。因为表达美的景、美的人、美的事、美好的情绪本身，就让儿童感到一种极大的快乐——美与创造融为一体的快乐习作。

3 年多的探究，也激发了我的智慧，让我寻求到解决教育现实问题的第一个答案：儿童学习作必须从封闭走向开放，真正做到课堂与生活相通，使学习在真实的情境中进行。只有这样，才能将课堂学习和大自然链接，将符号学习与生活结合，促进知识在实践中的运用，并逐渐培养起儿童对大自然的情感、对生命的珍爱。正如鲁洁先生所指出的，“学校教育，它源于生活，儿童进入学校以后，就进入到另外一个抽象的、符号化的世界。这是一个综合性的难题。李老师做的研究就在探索一条途径，寻找到一个中间的东西使它能够与生活连接起来”①。我抓紧语言发展最佳期，让习作“提高起点，提早起步”。我先后开发了“观察情境说话、写话”“观察情境作文”“想象性作文”等崭新的作文样式，使儿童习作有感而发，乐于表达，创造了儿童情境作文的新天地，也获得了意想不到的效果。“意境说”中“情以物迁，辞以情发”的阐述表明了在儿童习作中运用情境的必要性和可行性，对此我有了真切的体会。

---

① 此为鲁洁先生对李吉林情境教育的评价。

（二）探究儿童怎么学阅读

课堂与生活联结起来，学习与情境互动，给小学作文教学带来了无限生机，使孩子的习作水平迅速提高。这引起我新的思考，即儿童又怎么学阅读呢？我回顾、探究儿童习作成功的原因，归纳出一个字，那就是“美”。我知道，“美”的情境具有多种教育功能，魅力无穷。由此，我想到了美学，想到了艺术。对边缘学科、跨学科的思考拓宽了我的思路。我提出“让艺术走进阅读教学”的创意，“让阅读教学美起来”。我认为，教育学、美学、哲学都是相近的，而文学和艺术更是相通的。这种相近、相通的边缘学科可以打开儿童学习阅读的新思路，甚至可以生出灵感。这是真正地为了整合而跨界。

我综合学习美学的心得和对艺术的理解，找到了具体的路径。我从儿童喜爱绘画、唱歌、表演的现象思考：艺术是最形象、最有情的，也是最富美感的，是最生动的文化。艺术蕴含着美、展现着美，感受美正可以从这里开始。于是，我利用艺术探究儿童怎么学阅读的实践得以一步步顺利展开。

语文是人类优秀文化的重要组成部分。丰富的文化内涵让我首先去认识语文学科本身的特质。我知道，语文教学不能唯工具论，语文除了具有工具属性，更具有文化属性。儿童学习语言文字的过程是让世界呈现在他们面前的过程，同时也是让儿童进入世界、进入社会生活的过程。儿童通过语言文字去认识世界、拥有世界，进而使他们渐渐长大、知情晓理。

我又思量到，作家创作的题材就是来自生活，创作时必然会再现生活的情境。所以，阅读教材中的每篇课文几乎都表现了特定的情境。所谓“作者胸有境”，就是阅读课运用情境教学的基础，表明情境教学再现的是教材本身描写的情境。情境教学针对小学语文教材的特点、儿童的认识特点，通过创设优化的途径，把儿童带到作者笔下的那个情境中去，作家所运用的语言也就镶嵌其中了。这显然是必要的，也是科学的。这样，当儿童进入了作品描写的那个情境时，必然对作品产生亲切感，所谓“入境始与亲”。正是因为阅读教材中的每一篇课文都是以语言为中介，并以一定的表现形式交织成、凝聚成一个整体，使有情之境、有形之境展现在读者面前。

课文本是有情有境的，我运用艺术手段与语言描述相结合的方法再现课文情境，使我和孩子们共同沉浸在美的教学情境中。课堂充满了生气，在生动的情境中，抽象的语言文字带着形象、带着情感色彩进入了儿童的意识。结合课文语言，儿童仿佛“看到了”“听到了”，这就把课文的语言文字符号与形象结合起来了。加上教师情感的传递，教学语言的调节、支配、唤醒、激励，引起了孩子们的共鸣，让孩子们获得真切的感受，心驰而神往。儿童被激起的情感与情境的相互作用给课堂带来了无限生机，阅读课竟然可以上得这般精彩。在情感涌动的过程中，儿童的主体性得到了充分的调动，有力地推进了教学过程。

著名教学论专家王策三教授指出，情境教学是一个“情”字贯穿活动过程，这就弥补了教学认识论的一大缺陷，即教学认识不仅是认知活动，而且是包括情感的意志活动。

由此，我寻求到解决教育现实问题的第二个答案：阅读教学让艺术走进课堂，让课堂美起来，创设的美的情境给儿童学习阅读带来愉悦，让儿童在情境中学习作、学阅读，并取得喜人的效果。1983 年，在南通市“小升初”统考时，我们班 93.5%的学生作文得到了好成绩，其中 55.8%达到优秀。我们的作文优秀率是城区小学平均水平的 12 倍之多，阅读优秀率是城区平均水平的 4.58 倍。语文情境教学获得高质量的效果，使儿童在情境中学语文获得了认可及称赞。

（三）探究儿童怎么学数学

5 年的探究，从儿童习作到儿童阅读，关于儿童究竟是怎么学的，我的思路日渐明晰起来。但是作为小学生，他们不仅要学语文，还要学数学。为了儿童的学习，我又开始探究儿童是怎样学数学的。探究起步不久，我作为数学的门外汉，深感数学是“难攻克的堡垒”。我下定决心，一定要达到新的高度。

数学与有着丰富形象、蕴含着情感的语文相比，显得抽象多了。数学需不需要情境，如何在数学教学中创设情境，数学情境教学和语文情境教学有什么相同，又有什么不同……一个个难题，预示着数学情境教学必定需要较长时间的摸索。

我积极参与数学教师备课、听课、评课，在数学教师教学实践的启发下，经过 6 年之久，结合积累已久的感悟，概括地提出了儿童情境数学的三点主张。

第一，数学来源于生活，教师要引导学生在生活中发现数学，让数学与生活结合，让学生在真实的或模拟的生活情境中学习数学、运用数学。

我思考着：语文源于生活，数学不也是源于生活吗？因为生活或生产的需要才产生了数学。但是现实的数学教学却远离孩子的生活，变得抽象而难以捉摸。教师所讲的数学术语，让孩子对数学更感陌生。孩子觉得数学难而无趣，这成为现实数学的弊端。因此我想，数学的情境学习同样应该从摒弃它的弊端着手，即怎么让数学走进儿童的生活，让儿童亲近数学。这么一想，我觉得数学运用情境的思路顿时开阔了许多。

此后，我和数学教师们交流我的感悟，他们都领悟到数学就在生活中。通过选择生活的真实情境和课堂模拟的情境，儿童数学情境学习的方法、途径也有了眉目。几年探索下来，学校的数学课开始有了新气象。学习统计，就结合班级开展的读好书活动，统计同学读各类书的数字，然后做成图表展示；学习百分数、分数以至比例，就让学生在班级、在学校、在社会就某一个项目收集数字，去编题计算，感悟数学在生活中的广泛运用；学习元、角、分，就让学生当营业员和顾客，理解人民币的进制、兑换，熟悉和使用人民币；学习重量"吨"，就让学生担当角色，做"饲养员"给"牲畜"过秤。教"百分数的应用题——利息"时，设计了游戏"为储户当参谋"，设立"储户咨询站"，相互间展开角色的对话，以及其他与生活紧密相连的生动情境。学生在游戏中快乐地学数学，积极地思维。生活中的数学在课堂上得到生动展现，极大地丰富了数学教学。在这些模拟的生活情境中，儿童看到了数学的"形"，加深了对数学的理解，这有效地培养了儿童数学的应用能力，儿童学习数学的兴趣油然而生。

第二，通过创设探究的情境，让儿童伴随快乐的情绪，借助情境中的形象进行抽象思维活动，把形象思维与逻辑思维结合起来，这启迪了儿童的数学智慧，体现了数学是"思维体操"的学科特点。

我知道数学是有逻辑的，需要探究，但也意识到，探究并不意味着抽象，并不意味着抽象就是逻辑。小学儿童学数学，应该让儿童伴随着生动的形象去探究。经过一段时间的探索，教师们也感受到创设的情境和生活相连，不仅让儿童在情境中感知了数学，获得了对运算规则的理解，而且可以充分利用儿童在生活中已有的经验探究数学。儿童借助情境中的生动形象进行抽象的逻辑思维，仿佛有了"脚手架"，使儿童在情境中的整体感知、探究变得有情也有趣，且易于使儿童产生顿悟。由此也可以逐渐培养起他们对数学的兴趣，发展他们的思维能力。

第三，将生活展现、实物演示和艺术手段结合起来，再现人类发明数学公式的那个情境，感悟数学的文化性和美感性，把数学教育中对数学知识的获取、数学技艺的掌握与数学文化、数学美感熏陶结合在一起，可以丰富儿童的精神世界。

随着探究的深入，我感到数学和其他学科一样，也是人类文明的重要组成部分，蕴含着丰富的美感。英国哲学家罗素曾说过，数学是一种“冷峻的美”。这使我意识到应该引导儿童在学习数学的过程中，获得关于数学的审美感受和文化熏陶。小学数学的文化性、审美性是个新课题。于是，我们的情境数学探究又深入这样一个新的层面上去，不仅要对儿童进行数学认知的教学，还要促进儿童审美、文化、情感的全面和谐发展。

情境数学将“数”与“生活”、“数”与“形”结合，让儿童在身边发现数学，使原来颇为遥远而陌生、避而远之以至畏惧的数学变得亲近、似曾相识、可以理解、可以捉摸，由此培养起学生对数学的热爱。

数学学科的教师们在课堂上创设相关情境，让儿童在一种非常愉悦的状态下学习数学，给数学课堂带来了无限的生机和乐趣。情境数学的研究也使教师们的教学水平获得了显著的发展。在此后的 10 年里，我们学校的数学教师在江苏省数学比赛中连续 10 年获得冠军。情境数学的优越性得到普遍认可，受到孩子们的广泛欢迎。

（四）从儿童心理倾向，概括儿童主动学习的基本原理

我在探究儿童怎么学习作、怎么学阅读，又怎么学数学的过程中发现，儿童都表现出了极高的学习主动性。结合哲学、美学，我初步领悟到其中的规律与要义。我又借鉴心理学，探究儿童在优化的情境中学得那么主动的基本缘由。

经历了实践、在实践中感悟、从感悟中提炼这一漫长的过程，到 1996 年，我从心理倾向的不同角度构建了儿童主动学习的四大基本原理。

1. 情感驱动原理

儿童情境学习利用移情作用，形成学习者身临其境的主观感受。儿童是最富有情感的，真情总是激荡在儿童纯真的心灵间。情境学习正是利用儿童心灵上这最宝贵的特点，最大限度地发挥了情感的纽带作用和驱动作用。

情境学习所创设的情境，首先渲染了一定的氛围，使儿童对客观情境有了具体的感受，表现出一种积极的态度，从而激起了儿童相应的情感。在此过程中，儿童开始关注并产生对学习内容的积极的态度倾向，他们自己的情感不由自主地移入情境中的相关对象上。随着情境的延续，儿童的情感逐步加深，最终情感的弥散渗透到儿童的内心世界，使其形成相对稳定的情感态度。儿童情

境学习的优越性就在于以情感驱动，促使儿童主动投入学习活动。

2. 暗示倾向原理

课堂上利用艺术手段创设的情境，连同优选的现实生活场景的美感，直接刺激儿童的感官，正符合他们的兴趣和需求。儿童进入这样的情境，产生无意识的心理倾向，很快激起强烈的情绪，情不自禁地投入学习活动中。这种不显露目的，用创设情境、优化情境的间接方式，对儿童的心理及行为产生了影响，从而一步步达到既定的教育目标的过程，就是暗示的作用。洛扎诺夫的暗示教学法认为，凡是影响心理都是暗示，而每个儿童身上天然存在着接受暗示的能力，这是人类个体之中一种普遍的品质，由于它，人和环境间的无意识关系才发生作用。这种主客观的一致性表明，情境教育运用暗示倾向原理让儿童的主动性大增。

情境学习正是利用暗示倾向，"用无意识导引有意识""用情感伴随理性"，使二者交织起来和谐进行。这种最佳的心理活动正是挖掘人类潜在能力的重要通道。情境学习利用暗示倾向，通过周围环境与儿童心理共鸣的过程激起儿童学习的主动性，其最终目的就是使儿童的能力和潜在智慧得到充分的发展。

3. 角色转换原理

在优化的特定情境中蕴含着教育者意图，它引起儿童进入角色、体验角色、评价角色的心理历程。这种"有我之境"可产生一种巨大的、无形的导引效应。儿童通过扮演角色、担当角色产生进入角色的知觉，凭借这种如临其境的知觉，会很快理解角色在情境中的地位、与其他角色的关系，并设身处地地体验角色的情感。于是，他自己仿佛变成了那个角色，"我与角色同一"、角色的喜怒哀乐近乎是自己真情实感的表露。由于角色的转换，儿童面对所处情境时会情不自禁地按自己所扮演的角色的身份和处境思维，根据教材与同伴对角色的期待合情合理地表现出一系列的行为和进行恰当的语言表述。角色变了，语言行为也随之变了。角色扮演的热烈情绪渲染了整个学习情境，不仅角色扮演者，而且全体学生都在无意识的作用下不知不觉进入了角色，最深切、最生动地经历了角色的心理活动过程。儿童热烈的情绪使自己全身心地投入教育教学活动中，使自己成了真正的主角。其过程可概括为"进入情境—担当角色—理解角色—体验角色—表现角色—自己与角色同一—产生顿悟"。儿童就由教学过程中等待接纳的被动角色转变为积极投入的主动角色，主动参与，从而迅速推进学习活动。

4. 心理场整合原理

根据心理场理论，儿童生活的空间无时无刻不对他们的心理产生作用。任何一个人都不可能超越这个空间。优化的情境使儿童的学习空间不再是一个自然状态下的生活空间，而是富有教育内涵的、富有美感的、充满智慧和儿童情趣的学习情境，它实际上就是一个“心理场”。这样的情境与活动于其间的儿童必然处于相互依存的变动的状态中，是网络式的联动着、推进着的。儿童进入这人为优化的情境，其力度、其真切感和美感都足以影响儿童的心理世界。那形象丰富的感染、情感真切的体验、潜在智慧的启迪，都使儿童得到一种满足。心理场理论指出，儿童心理需求得到满足时的愉悦，很自然地形成了一种向着教育教学目标整合的“力”。这便是正诱发力。在这种正诱发力的推动下，儿童主动投入教育教学活动的态度、情绪、语言和行为，使已创设的情境更为丰富，情境渲染的氛围更为浓烈。置身其中的教师也即时感受到教学成功的快乐，又以更为饱满的热情投入教学活动。这样，情境、教师、学生三者之间形成的良性推进的多向折射的心理场得到优化和整合，这促使儿童用整个身心去学习，加速其产生顿悟，从而改变了儿童的认知结构和心理结构，因而使儿童自主学习、自我教育的理想境界成为现实。

二、创造性地运用民族文化经典，概括儿童情境学习“真、美、情、思”四大核心元素

儿童的学习是我探索的原点。让儿童不仅能快乐高效地学习，还能身心健康，并使一个个充满情感的生命个体的心灵也美起来，是我追求的教育的高境界。为此我走上了理论与实践相结合的道路。走在这样的路上，虽艰辛，但更多的是快乐与充实，直至现在，它让我这早已年逾古稀，近 80 岁的老人也像年轻人一样充满活力。这种创新激起的生命活力让我乐此不疲，努力地朝着彼岸前行。

在儿童情境学习的探索过程中，我不断受到中华民族文化理论的滋养和启示。1 000 多年前刘勰的《文心雕龙》，以及近代学者王国维的《人间词话》，可谓“意境说”的经典。中国古代的诗人蘸着情感的墨水，在特定的情境中写下

一篇篇让读者连同诗人自己都心动的诗篇，这充分显示了“意境说”诗词创作理论底蕴的深厚，使诗篇具有永恒的价值，充满了无穷的生命力。

这种文化自信在我心中早已树立，我越来越感悟到在学习国外教育先进理论的同时中国教育要走自己的路，就必须到中华民族优秀文化里寻“根”。出于时代的召唤和对教育更高境界的追求，我将古代文论经典“意境说”大胆地跨界，创造性地应用于今天的儿童教育。我深感“一切境界无不为我、为儿童所设”，从而使儿童情境学习的实践与研究一步步走上由民族文化引领的道路。

“意境说”中“真、美、情、思”四大元素导引着我，影响了我对儿童教育的理念与教学策略，四大元素成为儿童情境学习的重要支撑，因此我将其列为中国式的儿童情境学习的四大核心元素。

1. 真：让儿童认识一个真实的世界，符号学习与多彩生活链接

刘勰在《文心雕龙》中提出“感物吟志，莫非自然”。“物”是创作的对象，是“情”“思”“辞”的根基，所谓“是以诗人感物，联类不穷”。物我交融，情景相生。这种近乎唯物论的阐述实际上强调了环境与主体的相互作用，“写真实”才能“抒真情”。情境学习从起步阶段就受到这一论说的影响，以追求给儿童一个真实的世界。儿童情境学习的第一步是走进周围世界，在儿童眼前展现一个活生生的、可以观、可以闻、可以触摸、可以与之对话的多彩的世界。从“真”出发，由“真”去追求“美”，去启迪“智”，去崇尚“善”。

2. 美：美的愉悦唤起情感，在熏陶浸染中促进儿童主动、全面发展

刘勰在《文心雕龙·情采》一篇中强调了“文采”。刘勰追求物、情、辞和谐的美，从“美物”到“美文”，精神与物象交融，诗人沉浸在美的境界中，激起情感的升腾，所谓“情以物兴，故义必明雅”。为此，我创造性地将艺术引进语文教学，让阅读教学美起来，使创设的或再现的或优选的情境呈现美感。通过美的形式、美的内涵、美的语言，让美首先去占领儿童的心灵，于是，我将以“美”为突破口作为儿童情境学习操作要义的第一条，进而又以“美”为境界达到以美育人的目的。由于美，我们摆脱了各科教学的单纯工具性的束缚。美感的润泽使各科教学的文化内涵得到顺乎自然的体现。

3. 情：情感生成儿童学习的内驱力，让情感伴随认知活动

刘勰在《文心雕龙·物色》一篇中从客观外物对人的情感的影响出发做了

生动形象的阐述，他指出“物色之动，心亦摇焉”“一叶且或迎意，虫声有足引心”等。这些表明了人的情感受客观外物的影响之深。王国维则明确指出：“境非独谓景物也。喜怒哀乐，亦人心中之一境界。”“一切景语，皆情语也。”“情”是文章之灵魂，主张“为情造文”。这让我深感“情”是诗文的灵魂，“情”是儿童情境学习的命脉。当儿童在教师引领下进入情境时，情感便链接在教师、儿童、教材之间，三者之间相互牵动着、影响着。我因此将以“情”为纽带作为儿童情境学习的又一重要的操作要义。由于不断吸纳“意境说”的理论进行滋养，经过多年的探索，我进一步把“情感与认知的结合”作为儿童情境学习的核心理念提出来。

4. 思：想象是创造的萌芽，意境广远能开发儿童潜在智慧

刘勰在《文心雕龙》中提出“神思”的理念，阐明人的思维不受时空的限制。他指出：“文之思也，其神远矣。”诗人创作时联想、想象等一系列思维活动的空间极其广远，所谓“思接千载”“视通万里”。我以为这是中国古代朴素心理学的生动展现。正因为自己较早地受到了“意境说”的影响，所以早在20世纪70年代末80年代初，我在习作教学和阅读教学中就有意识地启迪儿童的想象，并且提出“以观察情境积累表象，丰富儿童想象所需的思维材料”等具体策略，使“意境说”中的“神思”之说在儿童情境学习中打开了可行的窗口。因此，我特别主张在优化的情境中让儿童带着想象去阅读，带着想象去习作。实践表明，在情境中，儿童的想象力是极其惊人和美妙的，这让我深信儿童的思维是长翅膀的，儿童的思维是会飞的，他们的想象力可以神通江河湖海，意攀高山白云，可以进入思接往昔、憧憬未来的境界。通过想象开发儿童潜在智慧，可以为将来培育创新人才，于是我更加坚定了情境学习“以‘思’为核心，着眼创造性”的主旨。

在情境学习走向多科的探索过程中，在时代强调培养民族创新精神的大背景下，我进一步从“审美、情感、思维空间”三方面明确提出培养和发展创造潜能的举措，并且以“发展儿童的创新精神”为不懈追求的目标。而“思”的不竭的源泉，则是来自“真”的周围世界，它使儿童的思维具有广阔性、深刻性、灵活性。

经过长期的实践与研究，我将促进儿童发展的“五要素”（以培养兴趣为前提、以指导观察为基础、以发展思维为核心、以激发情感为动因、以训练学习

能力为手段）中的“诱发主动性”“强化美感性”“着眼创造性”“渗透人文性”“贯穿实践性”确立为儿童快乐高效学习的“五大原则”。同时，还具体提出指导儿童情境学习的“五大操作要义”，即以“美”为突破口、以“思”为核心、以“情”为纽带、以“儿童活动”为途径、以“周围世界”为源泉。如上简述都显示了“真、美、情、思”在构建儿童情境学习的操作体系和理论构架中的核心作用与关键性的启发、引领作用。

三、营造最佳儿童学习环境

儿童学得快乐而高效还需环境的保障，所以在对“情境教学——情境教育”探索的 20 年里，我领悟四大元素的神韵，根据环境与人的行为一致性的哲学原理，首先策划为儿童学习营造最佳的环境，竭力让儿童去认识“真的世界”，感受“美的熏陶”，激发“情的驱动”，发展“思的潜在智慧”，其营造的环境要则如下。

1. 拓宽教育空间

为儿童情境学习营造一个开放、宽阔的空间，让儿童走进真实的世界，选择富有美感的、适宜他们成长的空间。这样多元的空间扩大了儿童视野，让儿童身心俱适。儿童在这样的环境里学习、活动，有助于提高教育的整体效应。

2. 缩短心理距离

情境学习提出“以情感为纽带”，通过创设“亲、助、乐”的师生人际情境和“美、趣、智”的学习情境，缩短了儿童与教师、同学、教学内容的心理距离。情感的链接给儿童亲切和安全感，使他们形成最佳的情绪状态，快乐主动参与学习活动。

3. 保证主体位置

儿童是学习的主体，必须保证其主体位置，强化其主体意识。作为学龄期儿童的小学生，学习更多的是动机、情感的作用。情境学习顺应儿童的情感驱动，引导儿童投入一系列学科活动。这里有审美的、艺术的活动，也有道德的、科学的活动，还有角色转换产生的新异感激起的热烈的情绪，使儿童在情感与角色意识的驱动下成为真正的学习主体。

4. 强调创新实践

情境学习环境的拓宽必须充分利用儿童已经激起的热烈的情绪，引导儿童着力进行创新与实践的学习活动，促使儿童获得尽可能大的发展。情境学习强调“着眼发展，着力基础”“从未来出发，从现在做起”，落实全面发展的目标。

我从整体空间、心理距离、主体位置及创新实践四个方面，从儿童学习的角度构建学习环境。今天，我从脑科学的视角审视，正是为儿童营造一个“丰富而美的、安全的，且保证儿童活动于其间”的学习环境。从实践到理论充分表明，这是科学的儿童学习环境。

四、发现儿童学习的“金钥匙”——情感与认知融合

我回顾自己在第一轮实验班为儿童设计、亲授的 1 000 多节课，亲身感悟到，当我把儿童带入优选的、真实的情境或优化的、美的学习情境中时，情境的“美”顺乎自然地激发了儿童的“情”，而情绪具有形成动机的力量，形成主动投入学习活动的内驱力，使思维活动得以积极展开。智慧的火花竞相迸发，碰撞着、感染着。课堂往往进入了忘我的沸腾状态，一个个踊跃，甚至争先恐后地要求发表意见。在这样的氛围中，我和孩子们一起沉浸其中。我意识到儿童情感的暗流涌动起来了，孩子智慧的门扉已被激起的情感推开。在大量的实践中，我思考着，从自己的“感受”“体验”中进一步去“悟”，我觉察到儿童的学习已经不再局限于单纯的认知活动，儿童的情感已顺其自然地融入其中，而且极大地影响、推动了儿童的学习。在优化的情境中，儿童身心得以愉悦，潜在的智慧得以萌发，呈现出学习者主体生命的多元色彩。在“真、美、情、思”核心元素的影响与导引下，我终于发现儿童学习快乐、高效的金钥匙，那就是在优化的情境中将情感活动与认知活动融合。

脑科学告诉我，儿童内心的愉悦感和热烈的情绪会使脑释放大量的神经递质，刺激神经元生出更多的树突，并加快链接，使思维进入最佳状态，因此我指出，“丰富环境中的儿童明显具有更高的智商”。

早在 20 世纪 80 年代界定什么是“情境教学”时，我在 1987 年《江苏教育》第 23 期上发表的论文《情境教学的探索过程及其理论依据》明确提出，“情境教学是通过创设优化情境，激起儿童热烈的情绪，把情感活动与

认知活动融合起来的一种教学模式”。此后的 20 多年来，我和实验班的教师们一直将这一“金钥匙”运用到教学实践中，从而使我们学校的历届学生都普遍学得快乐，又获得高效。这正是充分运用了儿童学习的这一秘诀的结果。

近年来，这一核心秘诀从学习科学那里得到了验证。学习科学指出，“情感活动与认知活动是不可分割的”，“二者的结合是学习的核心”。这为儿童情境学习范式“核心理念”的明确提出提供了相关的科学依据。

历经 40 年漫长的岁月，可以说我是心无旁骛、全身心地倾注其间。在此过程中，我先后主持了全国“八五”“九五”“十五”“十一五”教育部重点课题。课题的承担，引领、推动了情境教育一级一级攀上新的台阶。我始终抱着在实践中加深研究的意念，所以每个课题都完成一本专著。撰写时，我讲究一个“真”，做到“写真言”“抒真情”，这些专著都获得全国教育科学研究优秀成果奖一等奖。“十一五”课题完成后我写出长篇论文《学习科学与儿童情境学习》，虽不是专著，但由于“新”，由于其科学性，获得了第五届全国教育科学研究优秀成果奖一等奖。情境教育的思想也随着一个个课题的研究丰富起来。十几本专著，200 多篇文章，独立完成。反复修改五遍六遍、八遍九遍很正常，用“水磨的功夫”来形容并不夸张，求新也求精。我深感教师应该是思想者。

五、为儿童快乐高效地学习，构建中国儿童情境学习范式

情境教育从民族文化经典中概括出四大元素，并将其确立为儿童情境学习的核心元素，连同情感活动与认知活动融合的儿童情境学习范式的核心理念，凝聚着教师的智慧，闪烁着育人的光芒，走进儿童中间，让课堂亮起来，让儿童的心灵亮起来。儿童在学习的真实情境中，在众多的学习现场反复观察、体验、感悟。此时的感觉正如王国维先生所阐述的学习的第三种境界：“众里寻他千百度，蓦然回首，那人却在灯火阑珊处。”我顿觉豁然开朗、融会贯通。那时极度兴奋，内心非常愉悦，思路清晰而顺畅。多年来研究的一个一个成果一下子联通，得到了整合，顺其自然地渐成体系。我由此构建了儿童快乐、高效学习，全面健康成长的“中国儿童情境学习范式”。

其内容概括为：择美构境、以美生情、以情启智，把情感活动与认知活动融合起来，形成儿童在境中学、做、思、冶的儿童情境学习范式。

李吉林在国际论坛上介绍“中国儿童情境学习范式”

1. 儿童情境学习范式要则的阐述

择美构境。我深知爱美是儿童的天性。美能给儿童幼小的心灵带来愉悦，无论是在真实的情境中优选的美的情境，还是在课堂上通过富有美感的音乐、图画、戏剧等艺术与语言描绘相结合的手段再现的优化情境，他们都能在美中获得快乐的审美感受，激起愉悦的情绪，并常常随之展开美妙的联想、神奇的想象。“择美构境”是顺应儿童天性育之的有效举措。

以美生情。事实表明，充满生趣的美的情境吸引了全体儿童快乐地学习。在教学现场我无数次感受到，“美”极大地激发了儿童的热烈情绪。课堂上，儿童学习往往达到了一个比教学设计的预期目标还要丰富得多、广阔得多的境界。正如艺术心理学所阐明的“以美生情”，情境的美激发了儿童热烈的情绪。

以情启智。在大量亲身实践的感受与理论感悟的双重作用下，我领悟到儿童在热烈情绪的内驱力推动下，在课堂上为求知而乐，为探究、想象而兴奋、激动。情感伴随儿童的学习活动，儿童学习的主动性随之大增，认知活动转变成一种体验，思维活动积极展开，孩子们个个跃跃欲试，以学为乐、以思为乐。在这普遍的学习热情高涨的课堂里，学习效能不断提高成为必然。我深刻感悟到儿童有情，情感是动因，情能启智。脑科学已证实，“愉悦的情绪可以加速大脑神经元的链接”，“情绪信息总是比其他信息优先得到加工”，“只有情绪才能为我们提供足够多的热情来达到目标，促使儿童主动投入学习过程，且留下难以磨灭的情绪记忆”。

儿童在情境中学习的快乐、高效有了科学的理论依据。“以情启智”是儿童学习的必然，是规律。

情感活动与认知活动融合。如上所述，美的情境给儿童带来愉悦，美能唤起儿童的情感。儿童在情感的驱动下主动投入学习，极大地发展了其思维。如此顺理成章，情感活动与认知活动融合起来成为儿童学习范式的核心理念。

2. 儿童情境学习范式的操作策略

境中学。儿童在情境中，学习的知识不再是孤立的、抽象的符号，而是有场景的、有事件的、有角色的，甚至是有情节的，是与生活中的人物似曾相识，具有相似性的。儿童情境学习范式强调知识镶嵌在情境中，儿童也在情境中，知识与儿童相互联系、相互依存。利用经验所学的知识，儿童感到熟悉、亲切，笼罩着情感色彩，因而儿童从“已知”敏捷地进入“未知”领域。情境中的这些来自儿童经验的信息与儿童学习的新知识融合在一起，符号学习与真实的生活有机地结合起来，形成了相互联系的整体，从而留下久远的记忆。

境中做。“学”是为了“用”，所以在“境中学”的同时，教师要引导儿童在“境中做”。

儿童在境中“做”的多种活动，使他们的视觉、听觉、触觉，包括肢体都获得最为和谐、协调的兴奋，以至其整个身心都投入其中。这种感受在教育目的的导引下形成了含蕴知识意义的活动。神经科学告诉我们，这种多种感官协调且带着信息进入大脑的活动，留下的印记深刻而鲜活，难以淡忘。这就保证了儿童通过自身活动在情境中主动建构知识，所谓具身认知。儿童不仅能体验到知识的运用价值，而且能在运用中有效地培养学习力、磨炼才干，并产生成就感。这强调了学以致用，学用结合。

境中思。有了儿童在境中“学”和“做”的过程，教师还须结合教学内容着力引导儿童在境中“思”。情境的“美”、情境的“形”与“情”，更易于激起儿童的所思所想。在情感的驱动下，儿童往往会进入“美美地想，乐乐地学”的状态中，还带着想象去学习，教师顺势就学习内容提出“是什么”“像什么”“为什么”，以引发儿童进行思维活动，相机引导儿童面对现象举出实例、提出疑问，进行比较、优选、归类，并有意识地激起儿童展开联想与想象。如此在境中“思”，不仅有效地发展儿童的思维力、想象力，而且开发了儿童可贵的潜在智慧。

记得当时我教一年级的小学生学习《小小的船》时，我创设了孩子飞上了月亮的情境，用“在蓝蓝的天上，＿＿＿＿＿＿＿＿”让孩子进行说话训练。这个题目本身意境广远，孩子带着想象，争先恐后地发言，有个孩子说“我在‘蓝蓝的天上’给李老师打电话”。我听了真是惊喜万分。试想，在 20 世纪 80 年代初，除了科学家还有谁能想到在太空里打电话呢?！算起来我们孩子的幻想比我国宇航员在“神舟九号”飞船上给家人打电话的现实竟早了近 20 年。美的情境给儿童带来愉悦，让孩子的智慧迸发出如此灿烂的火花。

刘勰在《文心雕龙·神思》一篇中指出“思接千载”“视通万里”，意境广远的情境是启迪孩子潜在智慧、发展创造性的最佳境界。那是最适宜儿童想天说地的宽阔的思维空间，能有效地激起学生的思维、想象，让他们神而往之。他们在意想中揣摩，在幻境中塑造，迸发出一个又一个令人欣喜的智慧的火花，并燃烧、升腾……

儿童的思维是长翅膀的，儿童的思维是会飞的，他们的想象力可以神通江河湖海，意攀高山白云，可以进入思接往昔、憧憬未来的境界。这也使我更加坚定了中国式的儿童情境学习“以思为核心，着眼创造性”的主旨。因此，无论是在课堂上还是在学科活动的儿童情境学习中，几乎所有儿童的思维都处于积极状态，从“乐思”到“多思”，如此日久天长，儿童势必渐渐学会“善思”。在儿童思维、想象无拘无束发展的生命早期，在儿童大脑生长的关键期，在情境中有意识地着力发展儿童的思维力、想象力，优化儿童的思维品质，正是为创造性人才做了重要的早期训练。所以，在儿童情境学习范式构建后，我明确提出培养发展创造潜能的举措，并且以“发展儿童的创新精神”为不懈追求的境界。

境中“冶”。“美”是教育的磁石，爱美是儿童的天性。在儿童情境学习中，我先后明确提出从以“美”为突破口到以“美”为境界、“以美育美”，主张引导儿童在境中感受美—理解美—表达美—创造美。把“美与形象”“美与心灵”“美与世界”“美与真和善”紧密地结合在一起。(康德语)

对于情境中的美，儿童非常乐意接受。在优化的、有美感的情境中，课堂是美美的，儿童的心灵也是美美的，儿童进而也能产生积极的情绪反应。

当儿童持久地、多侧面地获得审美感受，就会一次又一次地产生对客观现实的美好的情感体验。从体验到审美愉悦，进而形成对美的追求，且择善而行，正是“道始于情”，这就能有效地培养儿童的审美情感和道德情感，对儿童的影响也是极其深远的。

正如美学家宗白华先生所说，“事外有远致”。老师一定要认识到每个儿童都是洋溢着生命情感的个体，我更感“教外有远致”。儿童情境学习绝非是局限于儿童作为学习主体而培养其学习的主动性的，情境学习还必须以丰富的、纯美的、高尚的情感塑造儿童幼小的心灵，丰富儿童的精神世界。这样儿童作为有情的生命，从小通过美的、有情的、智慧的熏陶，其幼小的内心世界才是积极向上且不可磨灭的。这种对儿童心灵的塑造为培养儿童核心素养、卓越品质提供了可行性。“真、美、情、思”育人的理念，让儿童情境学习范式的构建具有前瞻性。我们应关注顺应儿童发展的未来趋向，让儿童最终获得真正意义上的“人”的全面发展。

中国情境教育儿童学习范式的漫长历程，是从儿童教育的现实出发，不断地吸纳民族文化经典“意境说”的理论，并且借鉴美学、心理学及脑科学、学习科学等方面的理论，集中外专家论述，一步步加深，一步步具体化和系统化对儿童学习规律的认识。我深切地感悟到，是优秀的中华民族文化给予了我智慧的启迪，让我寻到了“源”，找到了“根”，并引领我构建了中国的儿童情境学习范式。儿童情境学习范式的实施改变了儿童的学习方式和状态，让儿童在学习过程中获得探究的乐趣、审美的乐趣、认识的乐趣、创造的乐趣，使中国式的情境学习真正成为儿童生动活泼、自我需求的活动。儿童情境学习范式经过漫长的实践探索和理论研究，充分显示出民族文化的独特优势，且又顺应世界教育改革发展的趋势，生动显现了东方文化的智慧。

一个人的思想总是延续的，教育的特点是“周期长”，教育的实验与研究也回避不了“周期长”的特点。打一枪，换一炮，左顾右盼，那只能像寓言中的“小猴子下山”一样，最后一无所获。所以，我深感教育的实验与研究既需要激情，也需要沉静，更需要守恒。从情境教学探索起步，至今已有 40 年。40 年在大千世界中只是弹指一挥间，但是对于个人来说，那是生命中不短的历程，但我始终抓住“情境”一个课题，“情境教学—情境教育—情境课程”三部曲，而主旋律则是“儿童情境学习”。

长期的实践探究获得了意想不到的效果。运用“意境说”可以让儿童在接受初等教育过程中，在学习基础知识、培养基本能力的过程中充分开发儿童的潜在智能，丰富其精神世界，培养其完美人格。我以为这正是许多人所追求的初等教育的完美境界。我深信，继承和发展民族文化，中国的教育必然能真正走出自己的路，而发挥民族文化的独特优势，吸纳本土文化的丰富滋养，是中国教育走自己路的保证。

参考文献

[1] 查有梁. 控制论、信息论、系统论与教育科学 [M]. 成都：四川省社会科学院出版社，1986.

[2] 第斯多惠. 德国教师培养指南 [M]. 北京：人民教育出版社，1990.

[3] 高文. 学习创新与课程教学改革 [M]. 广州：广东教育出版社，2007.

[4] 顾明远. 李吉林和情境教育学派研究 [M]. 北京：教育科学出版社，2011.

[5] 郭晋稀. 文心雕龙译注十八篇 [M]. 兰州：甘肃人民出版社，1963.

[6] 孔丘. 论语 [M]. 北京：中华书局，2006.

[7] 鲁迅.《看图识字》[M] //且介亭杂文. 3 版. 北京：人民文学出版社，2006.

[8] 木村久一. 早期教育和天才 [M]. 石家庄：河北人民出版社，2001.

[9] 钱旭红. 思维之变：撬动世界的力量 [N]. 文汇报，2013-04-09.

[10] 苏霍姆林斯基. 让少年一代健康成长 [M]. 北京：教育科学出版社，1984.

[11] 王策三. 教学论十年 [M]. 北京：教育科学出版社，1988.

[12] 王国维. 新订《人间词话》 广《人间词话》[M]. 上海：华东师范大学出版社，1990.

[13] 许广平. 欣慰的纪念 [M]. 北京：人民文学出版社，1951.

[14] 叶圣陶. 叶圣陶语文教育论集 [M]. 北京：教育科学出版社，1980.

[15] 张长青，张会恩. 文心雕龙诠释 [M]. 长沙：湖南人民出版社，1982.

[16] 张楚廷. 课程与教学哲学 [M]. 北京：人民教育出版社，2003.

[17] 张光陆. 复杂性课程：特征、实施与展望——美国多尔教授与图伊特教授访谈 [J]. 全球教育展望，2013 (3).

[18] 钟启泉，张华. 世界课程与教学新理论文库 [C]. 北京：教育科学出

版社，2004.

[19] JENSEN E. 适于脑的教学 [M]. 北京：中国轻工业出版社，2005.

[20] SPRENGER M. 脑的学习与记忆 [M]. 北京：中国轻工业出版社，2005.

图书在版编目（CIP）数据

情境教育：一个主旋律的三部曲/李吉林著.—北京：中国人民大学出版社，2019.5
（当代中国教育改革与创新书系/朱永新总主编）
ISBN 978-7-300-26927-6

Ⅰ.①情… Ⅱ.①李… Ⅲ.①儿童教育-研究 Ⅳ.①G610

中国版本图书馆 CIP 数据核字（2019）第 076535 号

国家出版基金项目
当代中国教育改革与创新书系
总主编　朱永新
情境教育
一个主旋律的三部曲
李吉林　著
Qingjing Jiaoyu：Yi Ge ZhuxuanLü de San Bu Qu

出版发行	中国人民大学出版社		
社　　址	北京中关村大街 31 号	**邮政编码**	100080
电　　话	010－62511242（总编室）		010－62511770（质管部）
	010－82501766（邮购部）		010－62514148（门市部）
	010－62515195（发行公司）		010－62515275（盗版举报）
网　　址	http://www.crup.com.cn		
经　　销	新华书店		
印　　刷	天津中印联印务有限公司		
开　　本	720 mm×1000 mm　1/16	**版　　次**	2019 年 5 月第 1 版
印　　张	12.25 插页 1	**印　　次**	2025 年 8 月第 5 次印刷
字　　数	178 000	**定　　价**	39.00 元